その1分があなたを変える！ **1分**

問題解決力
1分間トレーニング

あらゆる問題を解決する最強の思考法

西村克己

SoftBank Creative

はじめに

　私たちの仕事や私生活において、さまざまな問題が発生します。生きていくこと自体が、問題解決の積み重ねといっても過言ではありません。

　何かの問題に遭遇し、その問題解決に行き詰まったとき、あなたはどうしますか？　その問題から逃げていたのでは、すぐに、また同じような問題に遭遇し、悩まされ続けることになります。

　問題解決にチャレンジしましょう。一度克服した問題は、次からは楽になります。問題解決の高いハードルを越えると、次からはそのハードルが低く見え、問題解決力がアップするのです。

　本書は60問を厳選して、2ページ見開きで完結しています。問題形式で①②③④の選択式になっています（問55～60の選択肢は6つ）。正答は1つとは限りません。2つある場合もあれば、全部正しい場合もあります。また正しいかどうか断定できないものも入っています。学校のテスト問題と異なり、世の中では、白黒つけられない問題ばかりといっても過言ではないからです。

　問題を通して「自分の頭で考える」ことで、脳に刺激を与えます。そして【正答】と【解説】を通じて、さまざまな切り口での問題解決を理解しようという構成です。

　2ページ見開きの文字量は、極端に減らしています。電車の中で簡単に読めることを想定しているからです。また、「読むぞ」と気負わなくても1～2問読んでみようという意欲が持続することを意識した分量になっています。

　では、気楽に読み始めてください。

平成20年4月　西村克己

Contents

はじめに 1

第❶章
日常での問題解決力を高めよう 7

1 問題意識が低い松島くん 8
2 問題解決をした人は誰? 10
3 問題意識が高い順に並べてみよう 12
4 いつも探しものをしている山口くん 14
5 書類の整理整頓をどうやる? 16
6 仕事にも慣れて楽勝状態、さてどうする? 18
7 「改革」と言われても何をしていいのやら 20
8 人事考課の面接でどうアピールすればいい? 22
9 いくら調査をしても納得しない吉田室長 24
   コラム 問題解決はハードル越えの訓練の場 26

第❷章
「発散—収束」の発想法でクリエイティブになれ 27

10 話題がぽんぽん変わる桜井さん 28
11 人の提案をすぐに批判する熊谷先輩 30
12 会議運営の司会がうまい西本先輩 32
13 野性と個性 34
14 お酒を飲むとアイデア発想がよくなる? 36

15 大量に情報を集めたが困惑している香川くん 38
16 何事にも「なぜ？」としつこい「なぜなぜ部長」 40
17 沈黙する営業会議 42
　　コラム　会議を「発散―収束」でスイッチングしよう 44

第3章
代替案で問題解決を乗り切ろう 45

18 100億円のM&Aをどうするか？ 46
19 値下げの限界で行き詰まり 48
20 斬新な新規事業の提案、何が不足している？ 50
21 同程度の利益なら、どちらがおすすめ？ 52
22 社長の独断で企業買収を決定 54
23 判断能力に自信がない山崎くん 56
24 「ちょっと待って」が口癖の田中くん 58
25 物忘れが激しい斉藤さん 60
　　コラム　日銀総裁選びの混線 62

第4章
仮説思考で洞察力を高めよう 63

26 顧客の気まぐれに振り回される武田くん 64
27 重箱の隅をなめ回す南野部長 66
28 一度言い出したら頑固な吉井主任 68
29 竹を割ったような切れ味の安西課長 70
30 新規ビジネスをひらめいた増田部長 72

- 31 情報が少なすぎて仮説の立てようがない 74
- 32 直観派の高根部長 76
- 33 新製品のチョコを売れる場所に置きたい 78
- 34 西松屋の品揃えの仮説検証 80
- コラム ユダヤ人の算数 1+1=? 82

第5章
情報の整理整頓力を身につけよう 83

- 35 雨乞いの天才 84
- 36 新製品開発、しかし全く売れない 86
- 37 問題点が山積み 88
- 38 どれが同じ仲間同士でしょうか? 90
- 39 野球もサッカーも好きな人は何人? 92
- 40 その日の機嫌で判断が変わる恐妻家の上司 94
- 41 場当たり的に指示を出す西尾社長 96
- 42 話が長い永井先輩 98
- 43 「最後になりますが」を何度も繰り返す上司 100
- コラム 捨てられない血液O型の人 102

第6章
ベストプラクティス(最良の事例)に学べ 103

- 44 過去の前例の引用が口癖の池田総務部長 104
- 45 ビジネス誌のトレンドを追っかける三木社長 106
- 46 ベストプラクティスのベストの保証は? 108

- 47 なぜパソコンのデルは安く売っても儲かる？ 110
- 48 競合のどちらを攻めるか？ 112
- 49 競合企業の調査が十分できない悩み 114
- 50 伸びるお笑い芸人と忘れられるお笑い芸人 116
- 51 一流コンサルタントの秘密？ 118
  コラム　世界一の大富豪ウォーレン・バフェット 120

第7章
コミュニケーションの相性を見抜いてストレス解消 121

- 52 つかみ所がない部下に悩む高野課長 122
- 53 ボランティアが大好きな上杉さん 124
- 54 奥様の悩み事 126
- 55 あなたはビジネスライクですか？ 128
- 56 あなたは計画通りが好きですか？ 130
- 57 あなたは人の好き嫌いが多いですか？ 132
- 58 あなたは自由奔放な生き方をしていますか？ 134
- 59 次の有名人たちは何タイプ？ 136
- 60 サザエさんの登場人物は何タイプ？ 138
  コラム　なぜ上司に恵まれないのか？ 140

おわりに 141

装幀　松　昭教

装画　おおの麻里

第1章

日常での問題解決力を高めよう

1 問題意識が低い松島くん

Question

入社3年目の松島くんは、まじめで上司の指示をきちんとこなします。しかし上司が言わなければ、率先して何かをするわけではありません。
「松島くん、もっと問題意識を持って仕事をやってくれ」と上司が口を酸っぱくしています。
さて、問題意識とは何でしょうか？

❶問題を見つけても上司に報告しないこと
❷意識して問題を発生させること
❸自分から問題を意識して見つけようとする気持ち
❹何が問題かをきちんと認識すること

※なお、本書の問題は複数正答も多数あります。

Answer

問題意識とは問題を自ら感じ取ることです。そもそも問題意識がなければ、問題解決をしようという意識は働きません。問題解決の第一歩は、自分自身が問題意識を持つことです。
①の上司に報告するかどうかは、問題意識を持った後にどうするかの話です。②の自ら問題を発生させることではありません。③の問題を意識して見つける気持ちと④の問題を認識することが問題意識です。正答例は③④です。

解説
問題とは期待値とのギャップ

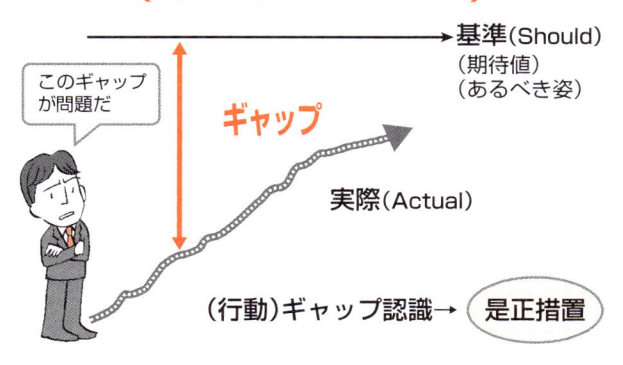

問題とは何でしょうか。問題とは、基準値（Should：あるべき状態、期待値）と実際（Actual：現実）とのギャップを意味します。問題を見つけるということは、基準値と実際のギャップを認識して、問題として認識することです。

問題意識を持つためには、基準値と実際のそれぞれを認識することが不可欠になります。基準値があいまい、実際があいまいでは、ギャップが把握できないため、問題意識は持てません。

何かを変えようとするときの第一歩は、問題意識を持つことにあります。問題意識がなければ現状維持で十分と考えます。

一方、問題意識が高い人は、基準値を持って実際とのギャップを観察しようとします。問題意識が共有化できない場合、まず基準値（あるべき姿）がどうあるべきかの共通認識を持ちます。そして現状分析などで実際を確認します。すると基準値と実際とのギャップを認識しやすくなります。

（ 問題とは期待値とのギャップ ）

基準(Should)
（期待値）
（あるべき姿）

このギャップが問題だ

ギャップ

実際(Actual)

（行動）ギャップ認識→ 是正措置

2 問題解決をした人は誰？

Question

「問題とは何か」「問題意識とは何か」がわかった松島くん。問題意識を持って、問題を見つけることも大切だと知りました。

さて、問題解決とは何でしょうか。次の中で問題解決をした人は誰ですか？

❶出張したので会社におみやげを買って帰った
❷顧客からのクレームを解決した
❸改善チームを作って目標のコスト低減10％を達成した
❹赤字のたれ流しを防ぐため、不採算部門をリストラした

Answer

問題解決とは、問題（基準と実際とのギャップ）を把握して、実際を基準まで引き上げることです。

①の出張のおみやげは、会社の人が期待していない場合は買わなくても同じなので問題解決ではありません。ただし、「買ってきて」と頼まれた場合は、買ってくることで相手の基準（買ってきてほしいという期待）を満たすので、問題解決になります。②はトラブル解決することで基準（正常状態）に持っていけるので問題解決です。③④は、目標とした基準を達成するので問題解決です。正答例は②③④です（①は場合による）。

第1章 日常での問題解決力を高めよう

> **解説**
> ## 問題解決は現実と基準のギャップを埋めること

　問題解決とは、実際を基準値の状態に一致させることです。たとえばクレーム発生の場合、営業活動に支障があるので基準値から逸脱しています。そこでクレームを解決すればトラブルは解決し、問題解決となります。

　また工場で慢性的に1％の製品不良が発生していたとします。あるトラブルで製品不良が5％になったとすれば、なんとか元の1％に戻すことを考えるでしょう。製品不良が急に増えた異常に気がつかなければ、5％の異常な製品不良発生への対策が、放置されるかもしれません。

　つまり、問題解決とは、基準値と実際を把握してギャップを問題として認識する。そしてギャップをなくすために是正措置を実施して、実際の状態を引き上げていく活動なのです。

　問題解決とお節介の違いは何でしょうか。関係者が問題意識を感じていない場合、何をやってもお節介になります。関係者が問題意識を共有化してこそ、問題解決の第一歩が踏み出せるのです。

（ 問題解決とは現実と期待値とのギャップを埋めること ）

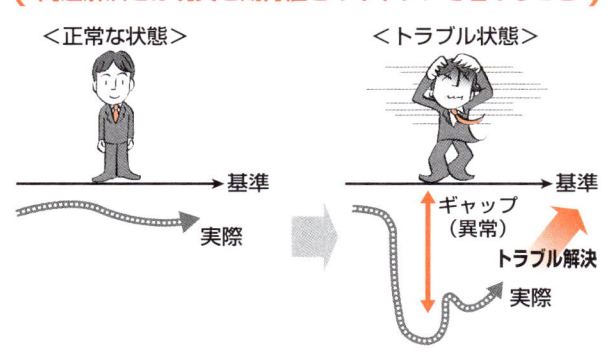

＜正常な状態＞　　　　　　＜トラブル状態＞

基準　　　　　　　　　　　基準
実際　　　　　　　　　　　ギャップ（異常）
　　　　　　　　　　　　　トラブル解決
　　　　　　　　　　　　　実際

3 問題意識が高い順に並べてみよう

Question

問題意識の意味はわかった松島くん。しかし上司は、「もっと問題意識を高く持って」といいます。問題意識が高い、低いとの区別はどうつければいいのでしょうか？

さて、次の①〜④を問題意識が高い順に並べてください。

❶既存製品の改善提案をした
❷お腹がすいたので何か食べたい
❸新製品の企画提案をした
❹クレームが来たので自分が責任を持って対応しよう

Answer

問題解決には企業の永遠の繁栄や個人の自己実現のように高次元のものから、お腹を満たすという日常の生活レベルのものまで多種多様です。

4つの中では、新しいことをはじめる③の新製品の企画提案が高次元です。続いて①の既存製品の改善提案、そして異常事態を正常化する④のクレーム対策が続きます。正答例は③→①→④→②です。

解説 ▶ 問題解決のいろいろ

では、問題解決したらそれでいいのでしょうか。5%の異常な製品不良が、いつもの1%になったからといって、

それで満足できるのでしょうか。問題意識が高い人なら、もっと不良が減らせないかを考えるでしょう。たとえば、製品不良を0.5％以下に減らせないかと、新しい目標となる基準値を定めて、チャレンジすることも必要です。

問題には、問題意識の低いものから高いものまで、大きく3種類に分類できます。

最も問題意識が低いものは、守りの問題、すなわちトラブル対応です。トラブルは、問題が強制的に提示される問題の一種です。トラブルは放置すると、問題が拡大していくので、否応なしに解決が求められます。

問題意識が高い問題として、攻めの問題があります。目標となる基準値を新しく決めて、それにチャレンジしていくのが攻めの問題です。攻めの問題は、問題意識の高さで2種類に分けられます。1つは、現状の枠組みの中で問題を発見する発見型の問題（改善）です。もう1つは、最も問題意識が高い創る問題（改革）で、現状のしがらみにとらわれないで大胆に目標設定して現状打破をめざすものです。

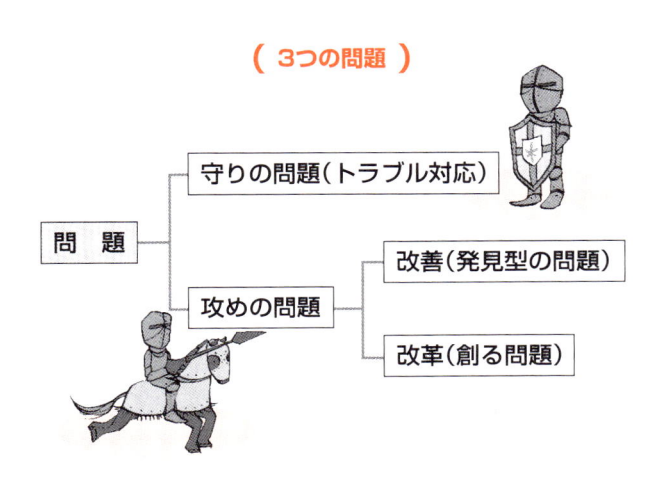

(**3つの問題**)

問　題
├─ 守りの問題（トラブル対応）
└─ 攻めの問題
　　├─ 改善（発見型の問題）
　　└─ 改革（創る問題）

4 いつも探しものをしている山口くん

Question

入社2年目の山口くんは「ボクのホチキス、誰か知りませんか」とか、「書類を探すのは大変ですよね」と、周囲に話しかけます。机の上や引き出しの中を、ゴソゴソ探す時間が多いのです。
　さて、山口くんに何かアドバイスしてあげてください。

❶ホチキスなどはなくしやすいので2つ用意しなさい
❷もっと身の回りの整理整頓をしなさい
❸置き場を決めてきちんと守りなさい
❹書類はフォルダーにファイリングしなさい

Answer

　身の回りの整理整頓をしておけば、探しものなどのムダな時間をなくすことができます。探しものは時間のムダだけでなく、イライラもつのります。
　①のホチキスを2つ用意は、整理整頓の根本対策にはなっていません。②の身の回りの整理整頓、③の置き場を決める、④の書類のファイリングは、整理整頓の基本です。正答例は②③④です。

解説 ムダ・ムラ・ムリで問題点を見つけよう

　成果につながる時間を増やして、成果につながらない時

間をなくすためには、ダラリの法則で問題点を見つけましょう。ダラリの法則とは、ムダ・ムラ・ムリで問題点を見つけ出す考え方です。

1つ目の「ムダ」は、やり直しのムダ、調整のムダ、チェックのムダ、監視のムダ、待つムダ、探すムダ、手間をかけるムダ、複雑さのムダなどがあります。

2つ目の「ムラ」は、仕事のやり方のムラ、忙しさのムラ、気分のムラ、成果のムラなどがあります。仕事を標準化していないと、仕事のやり方のムラが発生します。同じ仕事を人によってやり方がバラバラであれば、能率的な人と能率が悪い人がいる上に、仕事の品質にもバラツキが出ます。最も能率的なやり方を標準作業と決めて、みんなで守ることが能率を上げます。

3つ目は「ムリ」です。ムリをしていればどこかにしわ寄せがきて、長期的にみて得策とはいえません。ムリな計画を立てる、ムリな納期を引き受ける、ムリな値下げをする、ムリに担当を押し付けるなどがあります。また力のいる仕事、不自然な姿勢、残業が慢性化するなどは、体にムリをしていますので長期的にみて能率が落ちてきます。

(ダラリの法則(ムダ・ムラ・ムリ)で問題点を見つける)

ムダ
・歩くムダ
・運ぶムダ
・やり直しのムダ
・調整のムダ
・監視のムダ
・待つムダ
・探すムダ
・チェックのムダ
・在庫のムダ
・作りすぎのムダ
・複雑さのムダ
・手間をかけるムダ

ムリ
・ムリな計画を立てる
・ムリな納期を引き受ける
・残業が慢性化する(体のムリ)
・ムリな値下げをする
・ムリに担当を押し付ける
・力のいる仕事
・不自然な姿勢
・注意のいる仕事

ムラ
・仕事のやり方のムラ
・忙しさのムラ
・気分のムラ
・成果のムラ

5 書類の整理整頓をどうやる？

Question

書類を整理整頓しなさいと言われた山口くん。しかし保管場所は限られています。書類の山をどうすればいいのでしょうか。

さて、限られたスペースでどう整理整頓しますか？

1. いらない書類は思いきって捨てる
2. 印鑑が押された書類は捨てないで保管する
3. 会社の書類保管棚を思いきって増設する
4. 電子ファイルがある印刷物は基本的には捨てる

Answer

整理整頓の第一歩は、不要なものを捨てることにあります。ただし、印鑑が押された書類は公式文書なので、ファイリングして保管しておきましょう。

①のいらない書類は捨てる、ただし②の印鑑が押された書類は保管しておきます。③の書類保管棚の増設はきりがありません。④の電子ファイルがあれば印刷物を捨てていい場合が多いようです。正答例は①②④です。

解説 → 整理整頓で探すストレスをなくそう

整理整頓の極意は、「捨てる→集める→置き場を決める→維持する」のプロセス（順番）で進めることが王道です。

まず、捨てることからはじめるのです。

たとえば机の上が乱雑になっていたとします。いらないモノは何でしょうか。いらない書類、いらないメモ、いらない文房具など、いらないモノをまず捨てます。

いらないモノを捨てたら、次は同じ種類のモノを集めます。たとえば本、書類、文房具、メモ用紙など、同じ種類のモノを集めます。プラスチックを分別すればリサイクルの資源になりますが、バラバラに捨てるとゴミになります。同じように、紙を机の上に1枚ずつバラバラに置くとゴミですが、クリップなどでとめるとメモ用紙に使えます。

同じ種類のモノを集めたら、置き場を決めて収納します。ハサミや定規などの文房具は、あらかじめ置き場を決めておきます。取り出しやすさに気をつけることで、置き場は整頓された状態で使いやすくなります。使い終わったモノは元にあった場所に戻すことで、整理整頓状態を維持します。

なお、定期的に「捨てる→集める→置き場を決める→維持する」のプロセスで整理整頓することで、限られた保管スペースを有効に活用することができます。

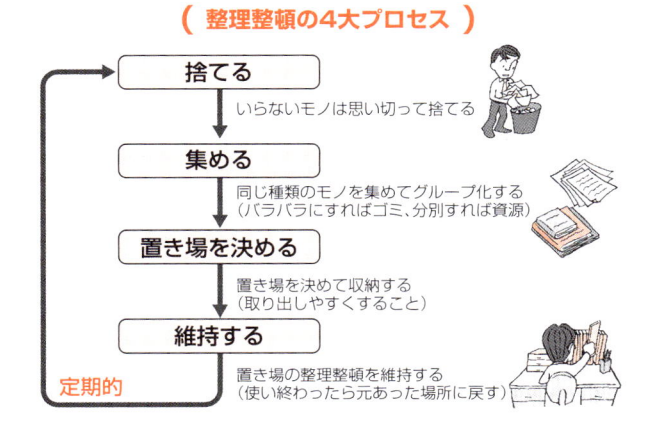

(整理整頓の4大プロセス)

捨てる
　　↓　いらないモノは思い切って捨てる

集める
　　↓　同じ種類のモノを集めてグループ化する
　　　（バラバラにすればゴミ、分別すれば資源）

置き場を決める
　　↓　置き場を決めて収納する
　　　（取り出しやすくすること）

維持する
　　　置き場の整理整頓を維持する
　　　（使い終わったら元あった場所に戻す）

定期的

6 仕事にも慣れて楽勝状態、さてどうする？

Question

少し仕事に慣れてきた山口くん。上司に指示されることはだいたいできるようになりました。仕事にも慣れて楽勝状態、ちょっと中だるみ気分です。

さて、山口くんがもっと高い志を持つためにはどうしますか。高い目標の順に並べてください。

❶3年先を見据えた目標を立てる
❷指示されたとおりにきちんと実行する
❸自主的に改善提案をする
❹指示された目的を確認してよりよいやり方を工夫する

Answer

現状維持は後退です。現状に満足せず、より高い目標を持って進歩しましょう。

①の3年先を見据えた目標を立てることは最も前向きです。次に③の自主的な改善提案は主体性があります。そして④の指示されてからやり方を工夫する、②の言われたとおり実行するという順番になります。正答例は①→③→④→②です。

解説
➡ **目標値を引き上げよう**

期待したある基準（Should：あるべき姿）と実際

（Actual）とのギャップを問題とよびます。しかしある基準値を満たした状態で満足していいのでしょうか。問題意識を高めるには、新しい基準値を設定して、新たなギャップを作り出せばいいのです。

改善は、現状に満足しないで目標値を高めることで、問題意識を高めて新しい問題にチャレンジしていく取り組みです。たとえば、生産部門では作業効率の向上や不良品の撲滅などがあります。

改善の進め方は、まず問題解決のためのテーマ設定をします。次に現状分析で情報収集をし、不良などの問題を発生させている原因を発見します。その悪い原因を除去するために改善案を立案して実施します。

改善目標に到達しない場合は、何度も改善案を作成して根気よく取り組みます。「改善は飽きずにやる」という言葉をしばしば使います。何度も根気よく改善案を考えて実施することで、改善目標の達成ができるのです。

なお、改善型の問題解決の他に、現状の制約条件にこだわらないで高い目標を設定する改革型もあります。

(問題意識を高めるためには基準値を上げる)

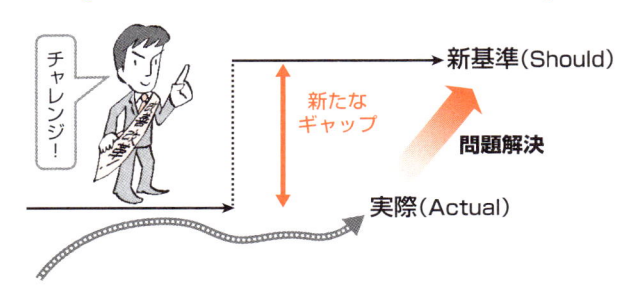

改善＝現状の延長線上に高めの新基準を設定する
改革＝現状の制約にこだわらないで高い新基準を設定する

7 「改革」と言われても何をしていいのやら

Question

「改革が必要だ」と、役員、管理職は異口同音に声を荒立てます。しかし総論賛成・各論反対で、具体的な事柄になると話が進みません。

ある人は売上げ向上が最優先、ある人はまずは徹底したコスト削減から取りかかるべきだと譲りません。

さて、この会社に足りないものは何でしょうか？

❶改革後のイメージが共有化されていない
❷「改革が必要だ」と誰も本心では思っていない
❸強力なリーダーシップを取る人がいない
❹現状の問題意識がバラバラなので意見が一致しない

Answer

改革を進める場合、トップダウンで一丸となって、決意を持って推進することが必要です。また全社員が改革の方針を理解し、かつ強いリーダーシップが求められます。

①の改革後のイメージが共有化されていなければ、改革案はバラバラになります。②今までのやり方を変えたくないという気持ちは改革の足かせになります。③の強力なリーダーシップは不可欠です。④の問題意識がバラバラでも改革はうまくいきません。正答例は①②③④です。

解説 あるべき姿を先に描け

　改革は、現状のしがらみにとらわれないで、高い基準値としてあるべき姿を描いて一気に到達する問題解決です。改革が意味するあるべき姿とは、目標をより具体化したものです。改革型は、あるべき姿に向かって一気に解決策を実行して、短期間で成果を上げる取り組みです。

　改革の進め方は、このままではいけないという問題提起が出発点です。テーマ設定として目的などを確認したら、あるべき姿を明確化します。そして現状分析として、改革に役に立つ情報収集をします。他社の成功事例を収集して分析するのも一案です。

　あるべき姿と現状分析ができたら、問題点を整理します。あるべき姿を実現するために何が足りないのか、どうすれば達成できるのか、アイデア出しをします。そして思いきった改革案を作成します。

　改革は痛みを伴うことも多いので、関係者が十分納得の上で推進することが大切です。なお、本格実施の前に、トライアルすることで、改革案の手直しが容易になり、改革の成功率を高めることができます。

(あるべき姿を先に描け)

あるべき姿

8 人事考課の面接でどうアピールすればいい？

Question

入社5年目の佐川くんは、年1回憂鬱な日があります。それは人事考課のための上司との面接です。そして今日は面接の日です。

この1年間の成果を上司に説明して、より高い評価を得るチャンスです。しかし佐川くんはいつもしどろもどろ。「あれやりました。これもやりました」と、まとまりなく羅列するばかりです。「で、君は要するに何をアピールしたいの？」と上司のイライラはつのります。

さて、佐川くんに何かアドバイスしてあげてください。

❶アピール点を箇条書きで整理したら
❷昨年と今年を比較してよくなった点をアピールしたら
❸多くを語らなくても上司は君のことをわかっているさ
❹人事考課なんて形式だから気にしなくていいよ

Answer

相手にわかりやすく伝えるためには、単純明快に伝えること、今までとの違いを比較して伝えることが効果的です。

①のアピール点を箇条書きで整理、②の昨年と今年を比較して説明するとわかりやすいでしょう。③の語らずして上司に理解してもらうことは難しいでしょう。上司も忙しいので自分の仕事で手一杯です。④の人事考課を気にしないのはもったいないです。積極的にアピールしないと、上

司に高く評価してもらえません。正答例は①②です。

解説 → Before／Afterで問題点を見つけよう

時系列で2つの目で見ることでも視野が広がります。時系列で、Before（前）とAfter（後）の2つの目で比較するのです。Before／Afterは、「過去－現在」の比較、「現在－将来」の比較のいずれも可能です。

「過去－現在」の比較の利用法として、過去の自分と現在の自分の違いを比較してみてはいかがでしょうか。たとえば、3年前の自分と現在の自分を比較してみるのです。

「現在－将来」の比較では、将来の目標設定に使うことに便利です。たとえば3年後にどんな自分になっていたいかを書き出してみます。将来像に、実現可能で、かつ高い目標を設定してみてはいかがでしょうか。

改革前をBefore、改革後のあるべき姿をAfterと考えてもかまいません。改革の企画書に、Before／Afterを図解で比較すれば、プレゼンテーション力アップ間違いなしでしょう。

(Before／Afterで、現在を基準に将来の目標設定をする)

Before（現在）	After（将来：3年後の目標）
税理士の資格を取得した	➡ 公認会計士の資格取得
職場の仕事が十分できる	➡ 仕事を部下に十分教えられる
ジョギングを週3日やっている	➡ 趣味を2つ以上持つ
体脂肪率23％（標準並み）	➡ 体脂肪率20％で安定させる
貯蓄300万円	➡ 貯蓄500万円（家の頭金）

☞ Beforeを現在にすると、Afterは将来の目標になる

9 いくら調査をしても納得しない吉田室長

Question

経営企画室に配属された金町くんは、初仕事に企業を取り巻く状況をリサーチする仕事に任命されました。競合、異業種、海外情報など、3カ月間にわたり大量の情報収集をしました。

しかし経営企画室の吉田室長は、なかなか納得しません。「もっとたくさん情報を集めてくれ。今ある情報量だけだと心配だ」というのです。

さて、2人に足りないものは何でしょうか？

❶金町くんが集めた情報の裏付データが足りていない
❷金町くんは吉田室長が求めている情報を集めていない
❸2人の信頼関係が足りていない
❹吉田室長は情報量に頼りすぎ、考察しようとしていない

Answer

情報を集めることは比較的容易になりました。情報の量よりも質が大切な時代です。また情報からいかにヒントを得るかが大切です。

①の情報の裏付データにこだわりすぎると時間がかかりすぎるので適度にします。②のように室長が求めている情報を集めていないかもしれません。③の2人の信頼関係不足はありそうですが断定はできません。④の吉田室長は情報量に頼りすぎは一理あるでしょう。正答例は②④です。

> **解説**
正解を探すのではなく解を創出せよ

　問題の種類を、クイズ型問題とパズル型問題に分けることもできます。近年、パズル型問題が急増しています。

　クイズ型問題とは、学校などで特に社会科目に出されるテスト問題のようなものです。正解は1つで、それ以外の解答はすべて不正解です。会社における問題としては、マニュアル化できる仕事です。マニュアル通りやれば解決する問題がクイズ型問題です。

　パズル型問題は、目標が与えられて、それをいかに解決するかが問われる問題です。たとえば、「8億円の利益を達成しなさい。そのために何をすべきか考えなさい」という問題です。答えは1つとは限りません。創意工夫すれば、さまざまなよりよい解決策を見いだすことも可能です。

　これから求められている能力は、正解を探すクイズ型問題を解く能力ではなく、パズル型問題の解を創出する能力です。情報収集においても、正解を探すためではなく、解を創出するヒント探しと割り切ると調査項目が絞れます。

（ 正解を探すのではなく解決策を作り出せ ）

「学校時代の問題」
　→クイズ型問題

```
正解を1つ書きなさい
  6 + 2 = □
 14 - 6 = □
  4 × 2 = □
 24 ÷ 3 = □
```

今までの問題
偏差値教育

「会社の問題」
　→パズル型問題

```
解を自分で作り出しなさい
 □ + □ = 8
 □ - □ = 8
 □ × □ = 8
 □ ÷ □ = 8
```

これからの問題
シュタイナー教育

問題解決力1分間トレーニング／コラム

第1章　日常での問題解決力を高めよう

◆問題解決はハードル越えの訓練の場

　毎日が問題解決の連続です。小さなレベルの問題解決として、「お腹がすいた→ごはんを食べてお腹を満たす」というものがあります。

　しかしお腹を満たすという問題解決、時には非常に難しい問題解決になる場合があります。たとえば山で遭難して食べ物がなくなれば、お腹がすいた問題解決をするために、食べられそうな雑草やわき水を探すことも必要でしょう。

　もし映画に出てくるランボー（シルベスター・スタローン主演）のように、サバイバル経験と知識があれば、山で遭難しても、お腹を満たす問題解決ができるかも（笑）。

　問題解決は一度高いハードルを越えると、より高いハードルを越えられるようになります。人から見れば高いハードルであっても、その問題解決の経験者であれば、容易に解決することができるでしょう。

　問題解決に強くなるためには、目の前の問題解決から「逃げない」覚悟が必要です。達成困難な問題だと思っても、解決してしまえば成功体験が得られます。成功体験が次へのチャレンジ精神を高めるのです。一度問題解決から逃げると逃げ癖がつきます。恐れず目の前の問題解決にチャレンジすれば、運を引き寄せてくるでしょう。

第2章

「発散―収束」の発想法でクリエイティブになれ

10 話題がぽんぽん変わる桜井さん

Question

　営業の桜井さんは話が面白く、みんなの人気者です。営業成績もよく、新規受注も多く取ってきます。
　売上げ成績がトップの半面、一方でクレーム率でもトップです。クレームの多くは、「さっき言ったことと話が違う」「調子はいいが話がいいかげんだ」というものです。確かに桜井さんは、話がぽんぽん変わって調子がいいのですが、誇大広告の一面もあります。
　さて桜井さんをどう思いますか？

❶顧客が誤解する誇大広告はよくない
❷桜井さんは営業のかがみ的存在だ（営業はこれでいい）
❸発想は大切だが筋道を立てて話した方がいい
❹クレーム率を下げるより、売上げ成績を上げた方がいい

Answer

　いろいろアイデアを出すことは大切です。しかし、相手に理解してもらうためには、筋道を立てて話した方がいい場合があります。また相手がまじめなタイプとか真剣な気持ちの場合、大げさに話すと誤解を与えます。
　①の誇大広告は誤解を招きます。②の営業のかがみ的存在というのは過大評価でしょう。③の筋道を立てて話すことは必要です。④のクレーム率を軽視した営業は限界があるでしょう。正答例は①③です。

第2章 「発散─収束」の発想法でクリエイティブになれ

> **解説**
> ### 発想はいいがとりとめのない発散型（右脳型）

　人が発想するとき、左脳と右脳が大きく関わっています。アイデアが豊富な半面、話に一貫性がないのは右脳の特徴です。右脳は、感情、直観、イメージ、アナログ、図形、ヒラメキなどを司ります。

　右脳はランダム思考が得意です。さっきと全く異なる思考への切り替えを瞬時に行うことができます。直観やイメージは、瞬間に浮かぶものです。一瞬のヒラメキの時間は、わずか千分の1秒といわれています。

　右脳は大容量で、左脳の数万倍の記憶容量があるといわれています。しかし、右脳は眠れる脳といわれ、3％未満しか使われていません。右脳を活性化するためには、左脳と右脳のコミュニケーションを円滑にすることが鍵といわれています。左脳と右脳を結んでいる間脳の中にある脳梁（のうりょう）を通して、左脳と右脳のコミュニケーションが行われます。

（ 右脳は感情や直観を司る自由奔放なイメージ脳 ）

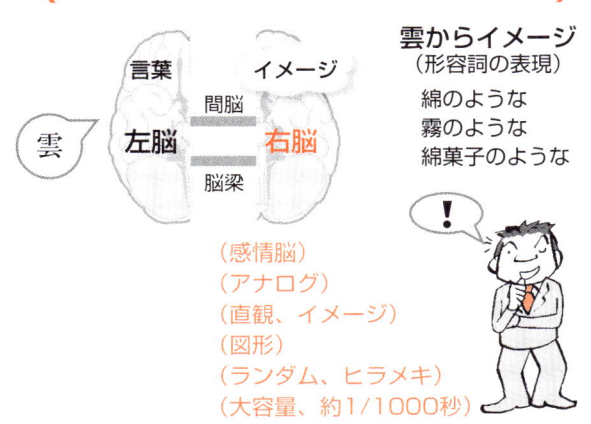

言葉　　イメージ
　　　間脳
雲　　左脳＝右脳
　　　脳梁

雲からイメージ
（形容詞の表現）

綿のような
霧のような
綿菓子のような

（感情脳）
（アナログ）
（直観、イメージ）
（図形）
（ランダム、ヒラメキ）
（大容量、約1／1000秒）

11 人の提案をすぐに批判する熊谷先輩

Question

営業会議中です。当部の売上げを上げるために何をすべきか、自由討議をしているところです。「顧客の購入履歴の分析が現行システムではできません。分析できれば、もっと効果が高い営業政策が打てるのですが」という意見が出ました。

それを聞いた熊谷先輩は「システムを変更する予算なんかないよ」といいました。熊谷先輩は、何かにつけてできない理由を探して、人の提案をすぐに批判します。

さて、熊谷先輩の部内での評判は？

❶鋭い指摘で周囲から尊敬されている
❷批判ばかりなので評論家として嫌われ者
❸批判はするがアイデアを出さない嫌われ者
❹批判にも信念があるので周囲からの信頼が厚い

Answer

自分からアイデアを出さないのに、人が出したアイデアをつぶすことが趣味の人、あなたの周囲にいませんか。批判ばかりしていると、周囲の人から嫌われてしまいます。

①の鋭い指摘と歓迎はされていないでしょう。揚げ足取りでは嫌われます。②と③の批判は、個人攻撃をする嫌われ者と見られやすいでしょう。④の周囲から信頼を得るのは難しいでしょう。正答例は②③です。

解説 理屈は言うがアイデアが出ない収束型（左脳型）

左脳は理性脳、右脳は感情脳といわれています。左脳は、理性、論理、デジタル、文字、数字、言葉などを司ります。整合性を確保しながら考えるため、シーケンシャル（連続）に思考します。左脳は飛躍する思考は苦手です。情報の処理スピードは文字を読む速さ、すなわち約30分の1秒程度です。

左脳は、今手元にある情報を整理整頓することは得意です。半面、右脳のように発想を広げるとか、ランダムに自由発想することが不得意です。また、左脳は筋道がつながらないことが受け入れられません。そこで整合性がない話に批判的になるのです。

左脳だけの働きでは、発想は広がりません。批判的になるとか、こぢんまりした案に収束させようとします。発想力を活かすには、左脳と右脳の情報のキャッチボール（コミュニケーション）が不可欠になります。

左脳は理性や論理を司るきまじめな理性脳

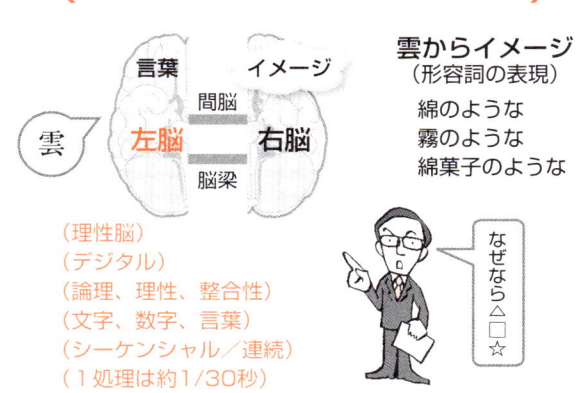

言葉　イメージ
間脳
雲　左脳　右脳
脳梁

雲からイメージ
（形容詞の表現）
綿のような
霧のような
綿菓子のような

（理性脳）
（デジタル）
（論理、理性、整合性）
（文字、数字、言葉）
（シーケンシャル／連続）
（1処理は約1/30秒）

なぜなら△□☆

12 会議運営の司会がうまい西本先輩

Question

西本先輩に会議の司会を任せたら、会議がスムーズで時間通り終わります。会議の目的が明確で、会議中に議論をしても話が脱線しないのです。

というのは、この営業部の山崎部長は、会議中に独演会が好きです。会議中に持論を話し出すと止まらないのです。しかし西本先輩が会議の司会をすると、「部長、この目的に沿った部分だけをお願いします」と、話が脱線しないようにとりなしてくれます。

さて、このような西本先輩をどう思いますか？

❶部長に対して失礼な振る舞いではないか
❷会議の目的を参加者に伝えるのは司会者として正当だ
❸いま何を議論すべきかを明確に示しているのではないか
❹司会の特権乱用、会議をコントロールしすぎではないか

Answer

会議が脱線するのは、独演会（1人が一方的に持論を話す）のように上司が会議を私物化するからです。また、司会者が流れに任せすぎて、会議の目的を逸脱した目的脱線会議（目的に沿わない内容で話が進む）も多いようです。

司会者を任せられたのであれば、①の部長に対して失礼な振る舞いだと思っても目的からの逸脱は阻止すべきです。②の会議の目的を参加者に伝える、③の何を議論すべ

きかを明確に示すことは大切です。④の司会が会議をコントロールしすぎというのは、目的を逸脱した場合にのみ適用できるでしょう。正答例は②③です。

解説 創造力は左脳と右脳の協働作業「発散─収束」

私たちが思考力をアップさせるためのコツがあります。それは、「発散と収束」を使いこなすことです。発散がうまいのは右脳、収束がうまいのは左脳の働きです。

私たちの思考を停止させるのは、いいアイデアを出さないといけない、いつまでにまとめなければいけないという義務感や緊張感です。義務感や緊張感が左脳を刺激しすぎ、アイデア発想に不可欠な右脳の働きを抑えるのです。

よりよい解決策を生み出すためには、リラックスして右脳に発想の自由を与えることです。右脳は自由な雰囲気が大好きです。批判されるとか義務感が大嫌いなのです。

発散でアイデアが出てきたら、収束で集めたアイデアを加工します。収束に効果的な手法は、重要度評価(重要なものを選別)とグルーピング(分類)です。

発散と収束のワンセットで左脳と右脳をフル活用

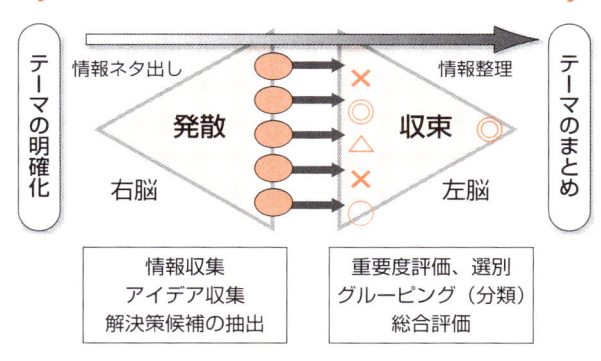

テーマの明確化 → 情報ネタ出し／発散／右脳 → 情報整理／収束／左脳 → テーマのまとめ

情報収集
アイデア収集
解決策候補の抽出

重要度評価、選別
グルーピング(分類)
総合評価

13 野性と個性

Question

個性を伸ばすことは大切だといいます。しかしわがままと個性とは異なるものです。個性は人から見て魅力があるものです。しかしわがままは周囲の人にとっては迷惑です。

かつて幼稚園から小学生における学校教育では、個性を伸ばすという名目で、個人の自由に任せた教育を進めてきました。その結果、個性でなくわがままを正当化する教育に陥ったともいわれています。

では、個性とわがままの違いは何でしょうか？

❶わがままは理性を失った野性である
❷わがままは自己中心的な価値観での判断である
❸個性とは「野性×理性」である
❹個性とは周囲から見た許容範囲内のわがままである

Answer

理性がない自由奔放は、単なるわがままで野性です。野性に理性がうまく融合することで個性が育ちます。

①のわがままだけでは野性です。②のわがままは自己中心的といえます。③の個性は「野性と理性が融合している」と同じ意味です。④の個性とはわがままではなく、理性が必要になります。正答例は①②③です。

解説
右脳を活性化してアイデア発想力を鍛えよう

　理性を解き放つと、発想が豊かになることがあります。これを言ったら怒られるとか、恥ずかしいと思っていたのでは、せっかく思いついたアイデアも忘れてしまいます。自由発想しているうちに、潜在的に眠っていたアイデアがひらめいてくる手法に、ブレーンストーミングがあります。

　ブレーンストーミングのルールは5つあります。いずれも、自由発想するために役立つルールです。①既成概念や常識を捨てる、②何でもいいからたくさん出す、③3セズ（批判セズ、議論セズ、くどくど説明セズ）、④人のアイデアをヒントに発想する、⑤アイデアは箇条書きにして記録する、の5つです。

　ブレーンストーミングの利用場面として、アイデア出しの他にも、問題点を出し合うとか、対策や課題を出し合うときにも便利です。ブレーンストーミングの人数は、数名程度が最もおすすめです。数名程度であれば、相互のコミュニケーションが最もスムーズです。

（ ブレーンストーミングでアイデア発想力を鍛えよう ）

【ブレーンストーミングのルール】コツは自由発想

① 既成概念や常識を捨てる、恥ずかしがらない
② 何でもいいからたくさん出す（質より量）
③ 「3セズ」批判セズ、議論セズ、くどくど説明セズ
④ 人のアイデアをヒントに発想する（連想ゲーム）
⑤ アイデアは箇条書きにして記録する

ブレーンストーミングの利用場面
- 問題点をみんなで出し合うとき
- アイデアをみんなで出し合うとき
- 対策や課題をみんなで出し合うとき
- 1人でブレーンストーミングできれば発想が豊かになる

14 お酒を飲むとアイデア発想がよくなる？

Question

お酒を飲むと、ふだん言えないことが話せるのはなぜでしょうか。また、お酒を飲むと、自由な発想がわいてきます。お酒を飲むと話題が弾むのは、自由な発想ができている状態だからです。

さて、なぜお酒を飲むと、理性を失うとか、自由発想ができるのでしょうか？

❶ 理性を司る左脳がお休み状態になるから
❷ 発想を司る右脳の性能が高まるから
❸ 左脳の抑えがはずれて右脳が解放されるから
❹ 右脳の抑えがはずれて左脳が解放されるから

Answer

お酒を飲むと左脳がお休み状態になるので、理性が働かなくなります。そこで、理性をはずした話をすることが増えてきます。

①の左脳がお休み状態によるものです。②の右脳の性能が高まるわけではありません。右脳の性能はお酒を飲んでも同じです。③の左脳の抑えがはずれて右脳が解放されるので、自由発想しやすくなります。③は正しく、④は左脳と右脳が逆になっているので間違いです。正答例は①③です。

解説 右脳を活性化する方法

　お酒を飲むといろいろな話を思いつくとか、支離滅裂になることがあります。お酒を飲むと、左脳の働きが一時的に弱まり、理性や整合性の働きが鈍くなります。

　一方、理性から解放された右脳は、自由奔放に暴れ出します。会話の中のキーワードに、右脳が素直に反応します。そこで、右脳の記憶の引き出しがどんどん開いて、話が盛り上がります。一方で左脳の働きが弱まっているので、話が支離滅裂になってしまいます。

　飲酒以外で右脳を活性化する方法は何でしょうか。右脳は、楽しいことやリラックス状態が大好きです。楽しい雰囲気だと会話が弾みますが、緊張した雰囲気では会話が弾みません。

　楽しい雰囲気、仕事を楽しむと右脳は活性化します。好きな仕事をしていると能率がいいとか疲れにくいのは、右脳が楽しんで働いているからです。また成功体験でも右脳は活性化します。小さくてもいいから成功体験を積み上げることが、右脳活性化の近道です。きまじめすぎると右脳が萎縮して、アイデア発想力が低下します。

(**右脳を活性化する方法**)

言葉　イメージ
間脳
左脳＝右脳
脳梁

成功体験

飲酒

リラックス

15 大量に情報を集めたが困惑している香川くん

Question

競合他社と自社を比較することを上司から頼まれた香川くん。インターネットやビジネス誌などから、大量の情報を収集しました。数百枚の書類の山に埋もれて途方に暮れている香川くん。
さて、何かいい方法はありませんか？

❶何のために競合他社と比較するのか目的を確認する
❷情報リスト（例：販売分析表等）を箇条書きで作成する
❸フォーマットを作成して情報を入れ込んでいく
❹上司に相談して必要な情報を確認する

Answer

情報を集める前に、何のために、どのような情報が欲しいのかを確認しておくことが必要です。実際に情報を集めはじめると、細かいことに気をとられ、全体像を見失いやすいからです。

迷ったら目的に戻れ、①の目的を確認することも必要です。②の情報リストを箇条書きで作成しておくと、必要な情報のモレが防げるでしょう。③のフォーマットに情報を入れ込むとか、④の上司に必要な情報を確認するのもいいでしょう。正答例は①②③④です。

第2章 「発散─収束」の発想法でクリエイティブになれ

> **解説**
> ### 左脳を活性化して情報整理力を身につけよう

　頭がよくなるには、右脳だけでなく左脳を鍛えることも大切です。左脳は情報を整理整頓する収束が得意です。

　図表を使って情報を整理すると左脳が活性化できます。必要な項目を明確にして、図解形式のフォーマットを作成します。情報収集が必要であれば、フォーマットを配布して手分けして情報収集すると効率が上がります。

　エクセル（表計算ソフト）を使ってフォーマットを作成するのも情報整理に便利です。マトリックス（格子）を使って情報整理すると、必要な情報のモレを防ぎ、網羅性が確保できます。

　ブレーンストーミングで発散した後の収束について考えてみましょう。収束には、重要度評価とグルーピングがあります。重要度評価は通常5段階評価が便利です。「5：極めて重要」〜「1：重要ではない」で分類します。グルーピングについては、人事、会計、総務、経営企画、開発、情報システム、生産、品質、販売、物流、仕入などに分類すれば、会社における問題や課題の大半が分類できます。

（ 図表にして整理してみよう ）

中期経営戦略（要旨）

【経営理念】	【基本戦略】	
	1. ドメイン	3. ビジネスモデル
【中期の目標】	2. コア・コンピタンス	4. 基本方針

【戦略分析】	【機能別戦略】	【重点施策】
1. マクロ環境分析	1. 商品・サービス戦略	1.
2. 顧客分析	2. 販売戦略	2.
3. 競合分析	3. 情報戦略	3.
4. 自社の分析	4. 生産戦略	4.
5. 経営戦略課題	5. 技術戦略	5.
	6. 基盤戦略	6.
	7. 新規事業戦略	

16 何事にも「なぜ？」としつこい「なぜなぜ部長」

Question

佐竹部長は、何事につけても「なぜだ？」「なぜ君はそう思うのか？」と、なぜをしつこく聞いてきます。部下たちは「なぜなぜ攻撃」にうんざりしています。佐竹部長のことを陰では「なぜなぜ部長」とよんでいます。

さて、佐竹部長をなんとかできないものでしょうか？

❶「なぜなぜ部長」と部下から嫌われていることを伝える
❷佐竹部長に対しても「なぜ？」を問いかけてはどうか
❸論理思考を鍛えられていると思って耐える
❹佐竹部長を無視する

Answer

「なぜ？」は論理思考のキーワードの1つです。論理思考を鍛えるためには「なぜ？」を問いかけることは効果的です。

①の嫌われていることを伝えるといっても、「なぜ？」を問いかけることは悪くはありません。部下の論理思考を鍛えるために効果的です。②の部長に「なぜ？」を問いかけるのは、論理思考として有効です。③の論理思考を鍛えられていると割り切りましょう。④の部長を無視するのではよけい怒られてしまいます。正答例は②③です。

解説 左脳を活性化する方法

「なぜ？」「Why？」は、論理思考を高めるキーワードで、左脳を活性化させるキーワードです。私たちが直面している問題は、さまざまな原因が絡み合って、結果として表面化したにすぎません。内在した原因系を探ることで、問題の本質が見えてくることがあります。

原因究明するためには、「Why？」が最適です。なぜを問いかけることで、問題発生の原因を探る第一歩がはじまるのです。

なぜを考える人は、成功しても失敗しても、その経験から学習することが多いのです。成功や失敗には、よかった点、悪かった点、どちらでもなかった点があります。成功に有頂天になって酔いしれないで、なぜ成功したのか、成功はしたが反省すべきこともあったと、経験から学習していく人は成長します。

なぜを考えない人は、結果だけに関心が高く、原因究明をしません。成功すれば自分が優秀だったからと有頂天になり、失敗すれば運が悪かったと悔しがります。これでは、せっかくの経験が次の学習につながりにくいのです。

（「なぜ？」を問いかけることで左脳が活性化する）

- なぜ成功したのか？
- なぜ失敗したのか？
- なぜA社を買収するのか？
- なぜB社は急成長しているのか？
- なぜその方法を選んだのか？もっと他の選択肢はなかったのか？

17 沈黙する営業会議

Question

三森商事の営業会議では、言い出しっぺが担当者になります。営業部長が「君たち、わが社の売上げをもっと上げる方策を考えたまえ」といっても、うかつに答えてはいけません。たとえば「奥田物産が新規ビジネスをはじめるとのウワサが」といおうものなら、「きみ〜い、いいねえ。君はそのことが詳しそうだね。じゃあ君が奥田物産の担当者だ。来週までに結果を出したまえ」なんてことに。

このように営業会議で発言すると、仕事が増えて収拾がつかなくなります。だから誰も発言しようとしません。

さて、このような営業会議をどう打開すればいいのか？

❶アイデア出しと実行可否の決定は分けて考えるべきだ
❷どんどん発言して新しい仕事を増やした方がいい
❸言い出しっぺを担当者にしないことが必要だ
❹新しい部長に代わるまで現状維持を続ける

Answer

言い出しっぺが担当者になると、誰も発言しなくなります。アイデア出しと担当は切り離して考えるべきです。また数多くの仕事を手がけるより、重要度が高い仕事に絞り込んだ方が確実に実行できます。

①のアイデア出しと実行可否は分けるべきです。②の新しい仕事を増やしすぎると、重要度が高い仕事まで中途半

端になります。③の言い出しっぺを担当者にしないことは必要です。なお、今の部長の考えが変わらない限り、④の現状維持もやむを得ないかもしれません。正答例は①③です（④も検討の余地あり）。

解説
「発散―収束」を2回繰り返す問題解決

発散－収束を2回組み合わせることで、問題解決の幅が広がります。まず1回目の発散－収束は、問題点の明確化です。問題点の材料集めのために、ブレーンストーミングで発散します。そして、グルーピングと重要度評価で収束させ、解決したい真の問題点を絞り込みます。

2回目の発散－収束は、問題点を解決するための改善案をまとめます。改善案のアイデアを出すために、ブレーンストーミングで発散します。1回目の発散－収束で、関係者に問題点が共有化されていれば、改善案が出しやすくなります。たくさんアイデアが集まったら、グルーピングと重要度評価で収束させます。投資対効果を考えながら、改善案を決定します。

（ 行き詰まった会議では「発散－収束」を思い出そう ）

- 発散不足の会議になっていないか、総点検しよう
- ブレーンストーミングや自由討議で「発散」しよう

問題解決力1分間トレーニング／コラム

第2章 「発散―収束」の発想法でクリエイティブになれ

◆会議を「発散－収束」でスイッチングしよう

　沈黙した会議にならないためには、提案者と担当者を切り離して考えることが大切です。自分が担当者になると思うと、新しい提案に消極的になります。心の中で「これ以上忙しくなったらやっていられないよ」と叫ぶでしょう。

　会議では、発散と収束を切り離して考えるべきです。今は発散の段階、つまり可能性の有無にこだわらないで、アイデア出しに徹する段階と割り切るのです。発散の段階では、担当者を誰にするかは考えません。

　ある会社では、「アイデアを出した人間は実行を担当しなくてよい」というルールを、社長自ら出しています。「アイデアを出す人が偉い会議」と称しています。

　収束の段階では、数多く出されたアイデアを評価し、実行に値するものを絞り込みます。場合によっては、2つ以上のアイデアを組み合わせて、アイデアを改善します。

　限られた時間と予算で成果を上げるためには、多く解決策を取り上げるより、数個以内に絞り込むことが賢明です。

　会議の中で発散と収束を切り離して考えるためには、会議の中で役職の高い人の理解が最も大切です。役職の高い人が提案者を担当者に指名すると、会議で誰も発言しようとしなくなります。

第3章

代替案で問題解決を乗り切ろう

1分で考える／その1

18 100億円のM&Aをどうするか？

Question

桜井商事では、アパレル事業強化のため、原田衣料を買収するかどうかの検討を進めています。社内では賛成派と反対派が対立し、緊張した雰囲気です。買収金額は100億円と試算されています。

さて、どう判断すればいいでしょうか？

❶世の中のM&Aの流れからして買収すべきである
❷ブームに惑わされないで買収は中止すべきだ
❸100億円の投資を買収以外についても検討すべき
❹自社の戦略に照らし合わせて判断すべきだ

Answer

買収するか、買収しないかの議論ではなく、そもそも会社の投資戦略や多角化戦略をどうするかを明確にしていくべきでしょう。設備投資、販売や生産拠点、新規事業をどうするのかなど、全社の戦略の中で買収を考えるべきです。もしかしたら買収ではなく、100億円の設備投資の方が投資対効果が高いかもしれません。

①の世の中のM&Aの流れのように、ブームで買収を決めるわけではありません。②のブームに惑わされないで買収は中止というのも、ブームを意識しすぎています。③の買収以外についても検討すべき、④の自社の戦略に照らし合わせて判断がおすすめでしょう。正答例は③④です。

> **解説**
> ## やる・やらない議論から抜け出そう

たまたま思いついたアイデアに固執して、周囲が見えなくなる人が意外に多いのではないでしょうか。また、思いつきで提案された経営課題について、やる・やらないの議論をすることが好きな人が多いようです。

たまたま考えた1つの案に固執する前に、ちょっと立ち止まって、それ以外の可能性も考えておくことが、失敗しないための決断に重要です。たとえば新規事業を考えるのであれば、一案に固執しないで、もっと可能性を広げて、広範囲で探索してみてはいかがでしょうか。

思いつきのアイデアを、やる・やらないの議論をしていても、偏った議論にしかなりません。「他にも解決策のアイデアはないか、代替案をいろいろ出してから絞り込む」ことが効果的です。これを、オプション思考といいます。オプション思考で視野を広げて、さまざまな代替案を作成してから、最も魅力的な解決策を決定することが効果的です。

（ やる・やらない議論から抜けだそう ）

提案
（ガソリンの暫定税率廃止）

やる！　　　やらない

やる・やらないの偏った議論では先に進まない

19 値下げの限界で行き詰まり

Question

コンビニで販売しているおにぎりの値下がりが激しく、80円台での勝負になっています。あるコンビニでは78円のおにぎりが登場し、おにぎり業界は貧乏ヒマなしです。あなたはおにぎりの商品企画を一手に任されています。

さて、次の一手をどうしますか？

❶コンビニの目玉商品として赤字でも68円を企画する
❷思いきって2倍の160円以上の高級品を企画する
❸間の120円くらいのおにぎりで勝負する
❹洋風おにぎりのような企画で、80円で勝負する

Answer

今までの延長線上で限界を感じる場合、全く反対のことを考えることで現状打破できることがあります。つまり逆転の発想です。赤字覚悟でさらに値下げしても、貧乏ヒマなしになるばかりです。

①の目玉商品で68円といっても、他のお弁当まで値下げ圧力が出て、お弁当の売上げ全体が落ちてきます。②の160円以上の高級品は、驚くほど高いので、逆にインパクトが出せるので反応を見るといいでしょう。③の120円だと顧客はインパクトよりも割高感を感じるでしょう。④の洋風おにぎりのような差別化もおすすめです。正答例は②です（利益が出れば④も可）。

第3章　代替案で問題解決を乗り切ろう

解説
→ オプション思考で広い視点で代替案を出そう

　オプション思考を適用する場面として、画期的な方向転換をしたいとき、現状打破をしたいとき、いいアイデアを出したいときなどがあります。また、大きな大切な意思決定をする場合に、オプション思考が不可欠です。

　たとえば、「自社の物流改革の方針を考える」をテーマにして考えてみましょう。代替案として「自社内で改革」「子会社化する」「アウトソーシング（外部委託）」などが考えられます。

　引っ越しをする場合、引っ越し先をどうするかも代替案で考えるといいでしょう。自分で購入するのか、賃貸にするのか、両親と同居するのかなど、多くの選択肢があるでしょう。また引っ越しを中止するのも一案です。代替案の中から最終的に1つ選択します。

　代替案の視野を広げるためには、正反対を考えるのもおすすめです。たとえば、引っ越しでは「持ち家」「持ち家以外」、「戸建て」「集合住宅」など、反対や裏表を考えることで、代替案を思いつくヒントになります。

（ 360度の立体的な視野で選択肢を考える ）

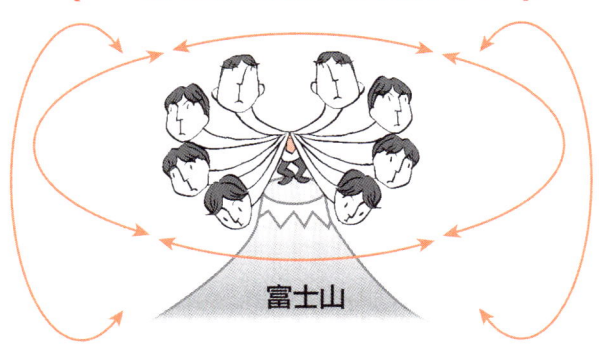

富士山

20 斬新な新規事業の提案、何が不足している？

Question

佐々木課長は、斬新なアイデアが湯水のごとくわき出るアイデアマン。先日、新規事業の提案を、全社員対象に公募がありました。そして佐々木課長が何と、優秀賞を勝ち取りました。佐々木課長の新規事業提案を、具体化することが決まりました。

佐々木課長は経営会議で、新規事業の企画をプレゼンすることになりました。その新規事業の企画は、非常に夢があるすばらしいものでした。しかし、何かが足りないと経営陣は首を傾げています。

さて、その企画に何が足りなかったのでしょうか？

❶プレゼンに対する熱意が足りなかった
❷実行可能性の評価ができていない（実現が難しい）
❸リスクについて何も触れられていなかった
❹投資対効果について何も触れられていなかった

Answer

何かを企画するとき、コンセプトや実行計画に加えて、投資対効果、リスク分析、実行可能性評価なども考察する必要があります。

①の熱意が足りなかったかもしれません。②のそもそも実現が難しい提案だったかもしれません。③のリスク、④の投資対効果について十分考察することが必要です。正答

例は②③④です（①も可能性あり）。

> **解説** **評価項目を明確化しよう①定量評価**

ビジネスの世界では、投資対効果が極めて重要です。いかに魅力的な案でも、投資対効果がマイナスであればやらない方が賢明です。

投資対効果は定量評価の一種です。定量評価は数値化できるものを評価尺度として使用します。最も一般的な定量評価は「収入（投資額）」「支出（費用）」「収益」です。

代替案がある場合、どの代替案の投資対効果が魅力的か、定量評価で比較することが効果的です。縦軸に評価項目を並べ、横軸に代替案を並べて表を作成します。表の中には「収入」「支出」「収益」などの金額を入れます。

評価項目は金額に限らず、数値化できるものであれば何でもかまいません。投資額が大きくても、それ以上に効果が出せるのであれば、魅力ある企画案といえるでしょう。代替案を作成（発散）したら、定量評価で代替案を評価（収束）するのも一案です。

(定量評価は数値化できる評価方法)

【定量評価】

評価項目	A案：低価格	B案：中級品	C案：高級品
販売(予想)	24万個	20万個	15万個
単価	1,900円	2,200円	2,800円
コスト/個	1,000円	1,200円	1,600円
収益	2.16億円	2.00億円	1.80億円

21 同程度の利益なら、どちらがおすすめ？

Question

佐々木課長が提案した新規事業の他に、もう1つ新規事業の提案が審議されていました。2つの案をさらに具体化するようにいわれ、1〜2カ月間かけて具体化しました。そして投資対効果もきちんと算定しました。

ところが、2つの案はほぼ同じ投資対効果で、優劣がつけがたいのです。経営会議では「2つ同時には経営体力的には難しい。どちらか1つに絞り込むしかない」という見解が発表されています。

さて、どちらに決めればいいでしょうか？

❶ 2人の提案者のどちらか1人に提案を辞退させる
❷ 会社の戦略や経営方針に沿った提案を採択する
❸ もっと投資対効果を高められないか再検討させる
❹ 2案の長所と短所を箇条書きで整理して判断する

Answer

投資対効果が同等でも、どちらかの定性評価（数値化できない評価項目を使って評価する方法）が圧倒的に優れている場合があります。

①のどちらか1人に提案を辞退させても、どちらも辞退しないでしょう。②の経営方針に沿った提案を採択することは自然です。③のもっと投資対効果を高めてレベルアップさせるのも一案です。④の2案の長所と短所を箇条書き

で整理して判断することで、定性評価をすることができます。正答例は②③④です。

解説
評価項目を明確化しよう②定性評価

定量評価で優劣がつかない場合、定性評価も行うことが賢明です。定性評価は数値化できない評価項目を、評価尺度にする評価方法です。定量評価で優位さが出ない場合でも、定性評価で歴然とした優劣が判明することがあります。

定性評価の項目は、代替案を判断する人が望ましいと思える項目を設定します。評価項目としては、多面的な切り口が考えられます。

たとえば、「品質面」「管理面」「納期」「労働環境」「安全性」「雇用条件」「安定性」「スペース効率」「生産面」「販売面」「物流面」「相乗効果」「シンプルさ」「経営資源の活用」などがあります。

なお、定性評価ですから、正確な評価ができない場合があります。たとえば、◎なのか○なのか、意見が分かれる場合があります。その場合は割り切ってどれかに決めます。

(定性評価は数値化できないものを評価する方法)

【定性評価】

評価項目	A案：低価格	B案：中級品	C案：高級品
ブランド力強化	△	○	◎
価格満足度	◎	○	△
他社への優位性	◎	△	○
顧客満足度	○	○	◎
マスコミ性	○	△	○
総合評価	○	△	○

22 社長の独断で企業買収を決定

Question

「勝山電機、佐山電機から半導体事業部を買収」と大きく新聞報道され、勝山電機の社内は大混乱です。というのも、勝山電機の役員たちは、買収の話をほとんど知らされていなかったからです。社長から先日、「買収してはどうか」という話はあったが、買収するかどうかはまだ決めていなかったからです。

その後、勝山電機が買収した半導体事業部は大赤字。しかし社長は、「赤字になるのは君らの努力が足りないからだ」と怒りをあらわにするばかりです。

さて、買収の何が悪かったのでしょうか？

❶買収の目的が社長以外に伝わっていない
❷買収のための定量・定性評価が十分されていない
❸社長に反対する人たちが買収後仕事をサボっている
❹買収後の役員のやる気が足りない

Answer

日本企業の多くはM&A（合併・買収）が苦手なようです。というのも、買収は多額の資金を必要とするにもかかわらず、社長や一部の役員が片手間に考えているからです。社長とはいえ、M&Aのプロではありません。また買収先企業のリサーチや有利な買収方法の検討に十分な時間をかけていません。一方欧米では、M&Aの専門家がチームを

組み、専任体制で買収候補や買収方法を考えています。
　①の買収目的が伝わっていなければ、関係者を納得させることはできません。②の評価が十分されていないのでは投資対効果もわかりません。③の仕事をサボっているとか、④の役員にやる気がないというのは社会人以前の問題です。正答例は①②です。

解説 意思決定プロセスで評価プロセスをガラス張り

　今までの延長線上を打破して、大きな方向決めをするには、意思決定が必要になります。意思決定のプロセスを明確にし、ガラス張りにしたものを、意思決定プロセスといいます。

　意思決定プロセスとは、「目的の確認─代替案の作成─評価─決定」の一連のプロセスを意味します。この一連のプロセスが明確で、かつ論理的に整合性が確保されていることが必要です。

　代替案の評価は、定量評価と定性評価の両面で行うことをおすすめします。定性評価と定量評価を合わせて評価することで、代替案の善し悪しが識別しやすくなります。

（ 評価をガラス張りにして意思決定プロセスを明確化する ）

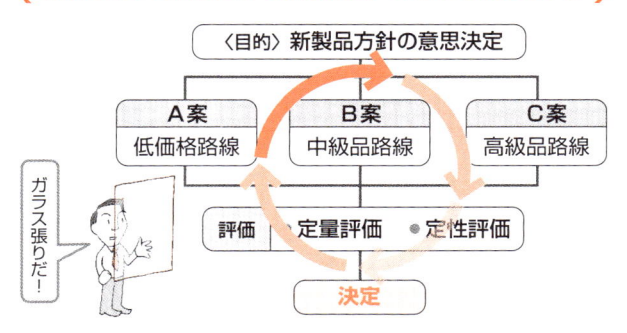

〈目的〉新製品方針の意思決定

A案	B案	C案
低価格路線	中級品路線	高級品路線

評価 ｜ 定量評価 ・ 定性評価

決定

ガラス張りだ！

23 判断能力に自信がない山崎くん

Question

山崎くんはすぐに思考が停止してしまいます。先輩や上司から「さてどうする?」と聞かれると、いつも口ごもり判断ができなくなるのです。

また自分で何をしようか、どういうふうに進めようかなど、何かを考えるときにも迷ってしまいます。何をどこから考えればいいのか、糸口がつかめないのです。

さて、山崎くんがもっと判断能力が高くなる方法はないでしょうか?

❶やる気と気合いを高めるといい
❷スピード感覚を持つといい
❸代替案を考えてからいいものを選択すればいい
❹ちょっと情報収集して解決策のヒント探しをする

Answer

「どうしよう、どうしよう」と迷っているだけでは、考えは先に進みません。考えるための手順を身につけると、判断能力が高くなります。ちょっと関連情報を思い出すとか、代替案(解決策の候補)を考えると、次の一手を思いつきやすくなります。

①のやる気と気合いだけでは考えが空回りしそうです。②のスピード感覚はいいですが、どうすればスピード感覚を持てるのでしょうか。③の代替案を考えてからいいもの

を選択します。代替案を考えるために、④のちょっと情報収集してヒント探しをするのもいいでしょう。正答例は③④です（②も可）。

解説
分析―総合―評価―文書化で考える

手短に問題解決を進めるために使える簡単な思考プロセスが、「分析―総合（代替案の作成）―評価（＋決定）―文書化」です。問題解決のショートコースであり、知恵を出す手順でもあります。

目的を確認したら、ちょっと情報収集して分析してみます。分析してみると、解決策のアイデアが浮かびやすいので、いくつか代替案（解決策の候補）を作成します。

総合とは、代替案を出して総合的に考えるという意味で、代替案作成の意味で使用されています。代替案がいくつか出たら評価して、最も優れた解決策を決定します。仕上げに思考プロセスを第三者に説得できるよう文書化します。ちょっとした問題解決が必要なとき、また解決策のアイデアに行き詰まったら「分析―総合―評価―文書化」です。

アイデアを出すための「分析―総合―評価―文書化」

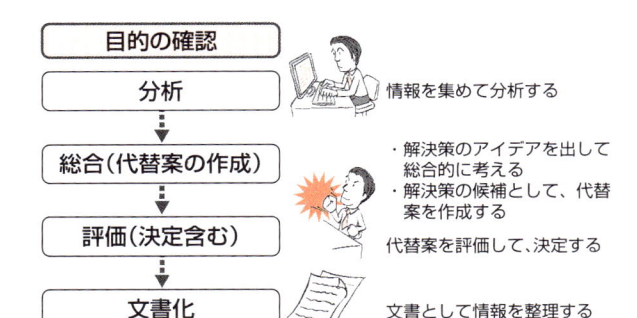

- 目的の確認
- 分析 ── 情報を集めて分析する
- 総合（代替案の作成） ── ・解決策のアイデアを出して総合的に考える ・解決策の候補として、代替案を作成する
- 評価（決定含む） ── 代替案を評価して、決定する
- 文書化 ── 文書として情報を整理する

24 「ちょっと待って」が口癖の田中くん

Question

田中くんは何かにつけて「ちょっと待って」といいます。「待ってもいいけど何をするの？」と聞くと、「ちょっと調べてから回答します」というのです。「あのさ、お昼をどこにするかくらい、調べなくてもわかるでしょう」と先輩たちは、田中くんの「ちょっと待って」に閉口です。

さて、短時間で判断するためにどう分析すればいいのでしょうか？

❶ 簡単な判断の場合には分析はなくてもいい
❷ 関係する情報の記憶を引き出すだけでもいい
❸ 調査を手伝ってもらえばいい
❹ 正確に判断するためには十分な調査が必要だ

Answer

簡単な判断の場合や、すでに情報を持っている場合には、調査が不要である場合が大半です。すでに記憶にある情報を思い出すだけでも役に立ちます。

①の簡単な判断の場合には分析は不要です。わざわざ調査しなくても、②の記憶を引き出すだけでも十分です。③の調査を手伝ってもらうほどのことではなさそうです。④の十分な調査が必要といっても程度問題です。正答例は①②です。

解説
記憶を引き出すだけでも分析になる

「分析―総合―評価―文書化」といわれても、何をどう「分析」していいのか困る場合があります。しかし、分析を堅苦しく考えなくても大丈夫です。

分析を情報収集と考えます。情報収集といっても、何か調査をするわけではありません。頭の中にある記憶を思い浮かべるだけで、十分な場合が多いのです。

右脳には、記憶の引き出しが無数にあります。右脳の記憶の引き出しはふだんは閉じていますが、記憶の引き出しを開けるのは、言葉を司る左脳のキーワードです。

キーワードとは、キー（鍵）となるワード（言葉）です。右脳の記憶の引き出しを開ける鍵がキーワードなのです。左脳のキーワードが、脳梁を通して右脳に伝わります。右脳では、キーワードからひらめいた記憶の引き出しを開きます。記憶の引き出しが開くと、さまざまな記憶が一気に放出されます。

ちょっとした問題解決であれば、ちょっとキーワードで記憶を引き出して、代替案を作成すればいいのです。

（ キーワード（言葉）で右脳の情報の引き出しを開ける ）

都会

キーワードは、右脳の情報を
引き出すキー（鍵）となる言葉

右脳は大容量

右脳の記憶の引き出し

- キーワードが右脳の記憶の引き出しを開いてくれる
- キーワードで発想すると大量の情報をコントロールできる
- 左脳はキーワード、右脳は記憶の引き出し

25 物忘れが激しい斉藤さん

Question

斉藤さんは物忘れの天才です。「例の件はいつ返事をいただけますか？」と、言われてから気づくことばかりです。督促する方も督促される方も、いやな気分になります。

さて、物忘れが激しい斉藤さんに何かアドバイスしてあげてください。

❶人間は忘れるから新しいものが入るのだ（気にするな）
❷忘れないよう何度も思い出せばいい
❸記憶力を高めるゲームをやる
❹メモをとる習慣を身につけるといい

Answer

人間は忘れるから新しいことが覚えられます。また年齢とともに記憶力は落ちてきます。メモなどで記録に残すことで記憶力の低下を補完することが必要です。

①の気にしないことも必要ですが、物忘れの対策が必要です。②の何度も思い出すのもつらいです。③の記憶力を高めるゲームに効果があればいいのですが。④のメモをとる習慣を身につけるといいと思います。正答例は④です（①も正しいのですが物忘れの対策が必要、③の効果は不明）。

解説 文書化で記録をきちんと残そう

「言った・言わない議論」がしばしば発生します。「確かに君がやるって言ったよね」「いや言ってないよ」というような水掛け論です。

文書化はきちんと記録として残すために非常に重要です。たとえば会議で決定したことを、きちんと議事録に残さなければ、統一した見解の合意がとれません。

また、まとまった仕事やプロジェクト活動などの報告書を作成することも大切です。一連の活動を業務報告書にまとめることで記録として残ります。次の仕事のノウハウになるのです。

メモをとることも、物忘れ防止に効果的です。たとえばちょっとしたヒラメキをメモにしておきます。また、新聞や情報誌などで参考になる情報をメモします。キーワードでメモすると思い出しやすいでしょう。

約束の日時を手帳のスケジュール表に書き込むことも忘れないために効果的です。やるべき仕事を付箋紙にメモ書きしておくのもいいでしょう。書くことで、自分の目で再確認できて、物忘れ防止に役立ちます。

(文書化で記録をきちんと残そう)

ワープロ　　　メモ

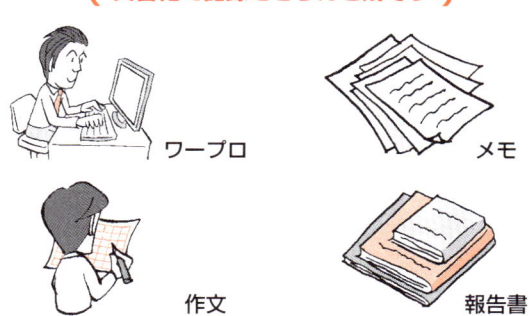

作文　　　報告書

問題解決力1分間トレーニング／コラム

第3章　代替案で問題解決を乗り切ろう

◆日銀総裁選びの混線

　本書を書いているちょうど今、日銀総裁選びが混線しているところです。自民党が推薦する日銀総裁候補を民主党が大反対しているのです。

　自民党が出す日銀総裁候補はいつも1名です。自民党はなぜその候補者を選んだのか、理由を一応説明します。しかし「彼しか適任者はいない」という姿勢で、候補者のいい面ばかりを並べています。

　長所と短所の両面で見なければ、そもそも判断できません。長所ばかりを並べたのでは、テレフォンショッピングの売り込みと同じです。「これしかないですよ、お客さん」といって、いい面ばかりを並べます。

　たとえば「42インチの巨大液晶画面、さあどうですか。こんな大きさ、めったにないですよ」なんていうセールストーク。42インチの液晶画面なんて、今では普通サイズです。また、今広告しているよりもっと高性能の製品も多く存在します。

　本来、重要な意思決定をする場合の原則は、代替案を2つ以上提示することです。2つ以上の代替案がなければ、いいか悪いかの判断ができません。日銀総裁候補を挙げる場合も、3〜4名の候補者を挙げるべきでしょう。そしていい面と悪い面を評価するべきでしょう。

第4章 仮説思考で洞察力を高めよう

26 顧客の気まぐれに振り回される武田くん

Question

　武田くんは、システムエンジニア泣かせの営業です。顧客ニーズ最優先はいいのですが、細かい要望や仕様変更が多いのです。武田くんが受注したシステム開発案件は、巨大な赤字になるのです。
「ご要望通り細かいことまで何でも対応します」といって武田くんは営業します。ご用聞き営業になる結果、顧客の要望をすべて受け入れて、かえって情報システムが複雑化します。その結果、システムが複雑すぎて、開発費超過だけでなく、顧客満足度も低いのです。
　さて、そんな武田くんをどう思いますか？

❶顧客の要望をすべて受け入れる姿勢はよい
❷こちらからひな型を提案しないとプロではない
❸システムの機能と開発費のバランスを考えるべきだ
❹顧客の要望に優先順位をつける（高いものを採用）

Answer

　仕事を請け負う側は、プロである必要があります。顧客満足とは、顧客の言いなりになることではありません。顧客が素人の場合、プロとして顧客に十分な情報提供と優れた提案をすることが必要です。
　①の顧客の要望をすべて受け入れることが、顧客第一ではありません。時には顧客の勘違いを正して、プロとして

投資対効果や使い勝手も含めて提案することも必要です。②のひな型提供、③の機能と開発費のバランスを提案することは重要です。④の顧客の要望に優先順位をつけるのも一案です。すべてを満足させることよりは、投資対効果で判断することが大切です。正答例は②③④です。

解説 仮説とは仮の結論（着地）

完璧主義を求めすぎると、なかなか結論を見いだすことができません。世の中に絶対に正しいことはごくわずかです。世の中の大半は仮説で動いています。

仮説とは、「仮の結論」です。現時点で100％正しいとは断定できないが、今のところ大きな矛盾が発見されていないものを仮説といいます。

仮説を置いて（仮の結論を考えて）、それを検証することで、少ない調査で結論を導くことができます。もし仮説が間違っていれば、柔軟に修正すればいいのです。当初の仮説に固執する必要はありません。

(**仮説とは仮の結論のこと**)

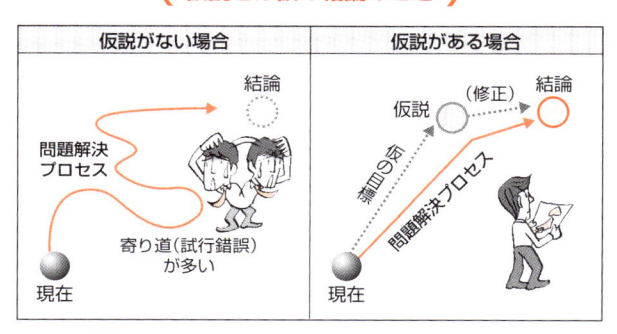

仮説がない場合	仮説がある場合
結論 問題解決プロセス 寄り道（試行錯誤）が多い 現在	仮説 （修正） 結論 最短の道 問題解決プロセス 現在

仮説があれば最短距離で結論を導ける

27 重箱の隅をなめ回す南野部長

Question

南野部長は口うるさいことで社内でも有名だ。というのも何かを報告すると、「このデータの信頼性は何%なのか」とか、「リスクをゼロにできないか」と聞くのです。「信頼性は80%くらいです」と答えると、「それではダメだ。100%にしてこい」と企画書を突き返します。また部下が「リスクがある」と答えると、南野部長は「リスクをゼロにする案を持ってこい」というのです。

さて、こんな南野部長をどう思いますか？

❶ データの信頼性を100%にすることは重要だ
❷ リスクをゼロにすることは重要だ
❸ データの信頼性は99％以上であればいい
❹ データ精度はほどほどにして企画立案に時間を確保すべき

Answer

データの信頼性が高いに越したことはありません。ただし高い精度を追求するあまり、時間と予算がかかるのであれば、ある程度の精度でとどめることが賢明です。また、リスクにおいても同様です。リスクの低減も投資対効果で判断します。

①のデータの信頼性100％、②のリスクをゼロにするためには、無限の時間と費用がかかり、投資対効果として得策とはいえません。③の信頼性は99％以上あれば頼もし

いですが、90％くらいでも十分な場合もあります。④の企画立案に時間を確保することも大切です。限られた時間の配分をどうするかが大切です。正答例は④です。

解説 → 精度より直観を優先してみよう

70〜80％くらい正しいと思ったら、仮説を立ててみます。たとえば、エコノミストが為替や株が値上がりする、または値下がりするという予測、これらはすべて仮説です。また、自分の直観や予想も仮説です。

100％正しいと証明できるまで待っていたら、いつまで経っても結論が導けません。とりあえず仮の結論として仮説を置いて考えます。仮説が正しいかどうかは、少し調べて検証してみればいいのです。その仮説に矛盾が見つかれば、あくまで仮説と割り切って、間違いは素直に認めて、仮説を修正すればいいのです。

仮説を見つけるにはどうすればいいのでしょうか。世の中や人間を冷静に観察することです。そこからのヒラメキや気づきを大切にします。

(7〜8割正しいと思ったら、仮説にして検証すればいい)

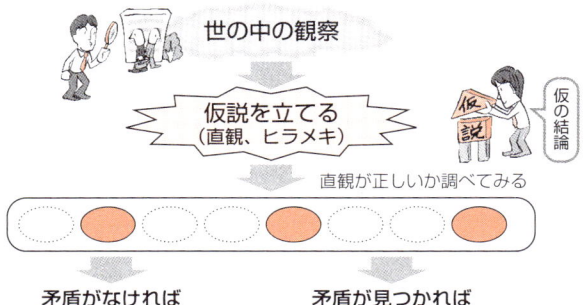

世の中の観察
↓
仮説を立てる
（直観、ヒラメキ）
仮の結論
↓
直観が正しいか調べてみる

矛盾がなければ
仮説が正しい

矛盾が見つかれば
仮説を修正すればいい

28 一度言い出したら頑固な吉井主任

Question

吉井主任は一度口にした意見を絶対変えません。たとえば会議中に「電車などに車内広告を出すべきだ」と言い出すと、車内広告の話題に無理やり引っ張ろうとします。吉井主任に対して「他に広告方法を検討すべきではないですか」というと、「オレに文句があるのか」とキレまくります。上司から意見されると「じゃあボクはこの件から降ります」と人の話を聞こうとしません。

さて、吉井主任の直すべきところは何でしょうか？

❶自分の意見を客観的に評価するゆとりがないところ
❷負けず嫌いにこだわりすぎるところ
❸人の意見を聞かないところ
❹直すべきところはない

Answer

一度言い出すと意見を変えないガンコ者にならないよう留意しましょう。ガンコ者になると頭が固くなり、周囲の意見に聞く耳を持てなくなります。

①の自分の意見を客観的に評価していない面、②の負けず嫌いにこだわりすぎる面、③の人の意見を聞かない面が感じられます。④の直すべきところはないというのは、意固地になったガンコ者です。正答例は①②③です。

第4章　仮説思考で洞察力を高めよう

解説 結果の予測を仮説として置いてみよう

　結果の予測を仮説として置けばいいのです。結果や結論から先に考えることも仮説思考のコツです。

　生命の進化論で有名なダーウィンは、ガラパゴス諸島で、首が上に伸ばせる形状の甲羅を持つ亀を発見しました。その亀は植物の葉っぱを食べます。地上にはさまざまな種類の亀が多数いる競争社会で、食べる草の量が足りません。そこで長い間進化を遂げて、高いところにある木の葉っぱを食べられるよう、甲羅が変形していったと考えられます。つまり環境に合わせて動物は進化する、ダーウィンの進化論を仮説として提唱しました。

　またダーウィンは、ガラパゴス諸島で、めしべとおしべが奥の方にある花を見つけました。そこでダーウィンは仮説として、「ガラパゴス諸島には、その花の蜜を吸うことができる、口が長い虫がいるだろう」という仮説を立てました。口が長い虫がいなければ、その花は受粉して子孫を残すことができないからです。ダーウィンの死後100年近く経って、口が長い蛾が発見されました。

結果の予測を仮説として置いてみる（ダーウィンの仮説例）

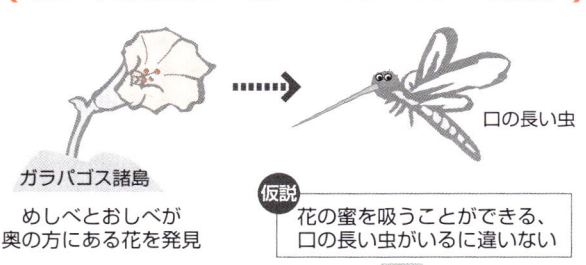

ガラパゴス諸島
めしべとおしべが奥の方にある花を発見

口の長い虫

仮説　花の蜜を吸うことができる、口が長い虫がいるに違いない

ダーウィンの死後、100年近く経って、口の長い蛾が発見された

29 竹を割ったような切れ味の安西課長

Question

安西課長は部内でもキレ者といわれています。頭はそこそこ切れるのですが、むしろ部下たちが切られまくっています。部下の論理矛盾を見つけてはズバリと切るのです。「君、その提案は論理的におかしいよ。わが部の売上げを3年以内に2倍にするなんて考えられないよ。売上げが2倍にできる根拠があいまいだ」と猛攻撃です。時には部長にまで食ってかかります。

さて、すべてにおいて根拠を示さなければ納得しない安西課長をどう思いますか？

❶論理矛盾はあってはいけない（安西課長を支持）
❷仕事では論理だけでは解決できないものも多い
❸根拠は後回しでも仮説を置くことは大切だ
❹論理の積み上げこそが正しい道を示してくれる

Answer

すべてに完璧を求めると、いくら時間があっても足りません。また外部環境が変化すれば、集めたデータの鮮度も劣化します。論理的に積み上げる思考法も大切ですが、一方で結論や目標を先に考えてから整合性を確保する仮説思考も大切です。

①の論理矛盾があってはいけないは、最終的にはそうですが、思考のプロセスにおいては思いきった予測も必要で

す。②の仕事では論理だけでは解決できないものもあります。たとえば、顧客の感情が入るクレームでは、論理だけでは解決できません。③の仮説を置くことは大切です。④の論理の積み上げだけではすべては解決しません。正答例は②③です。

解説 仮説思考と論理思考の違い

論理思考は筋道を立てて考えるため、精度が高い結論を導くことができます。また、なぜその結論に至ったかの論拠とデータを明確にすることで、結論の説得力を高めることができます。

一方、仮説思考は根拠やデータをあいまいにしたまま結論を導きます。なぜその結論に至ったかを明確にするより、わずかな情報を頼りに、直観とヒラメキを重視して仮の結論（仮説）を導きます。

仮説思考は、結論の精度は低いですが、直観やヒラメキを駆使して瞬時に結論を導くことが可能です。仮説思考で結論を導く、そして論理思考で結論の精度を高めることがおすすめです。

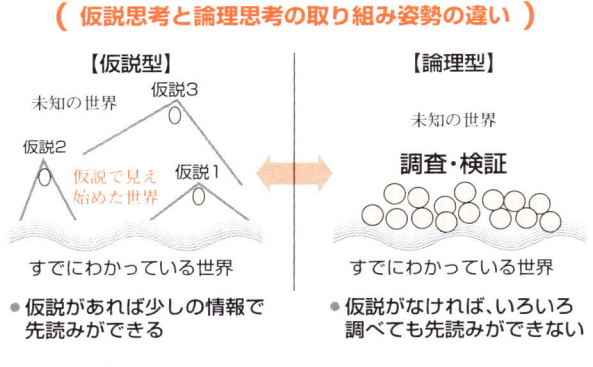

(仮説思考と論理思考の取り組み姿勢の違い)

【仮説型】
未知の世界
仮説3
仮説2　仮説1
仮説で見え始めた世界
すでにわかっている世界

- 仮説があれば少しの情報で先読みができる

【論理型】
未知の世界
調査・検証
すでにわかっている世界

- 仮説がなければ、いろいろ調べても先読みができない

30 新規ビジネスをひらめいた増田部長

Question

「ひらめいた!」と増田部長。増田部長はひらめくとすぐに実行したがります。「金井課長、いい新規事業のアイデアがあるのだが、ちょっと企画書にまとめてくれないか」と命令します。毎週新規ビジネスをひらめくので、部下たちは本業に専念できません。

さて、ヒラメキで行動するのはいいことでしょうか?

❶ヒラメキは大切だがはずれも多い
❷ヒラメキの有効性を評価する必要がある
❸ヒラメキをどんどん実行していけばそのうち当たる
❹複数のヒラメキを組み合わせれば成功率が高まる

Answer

ヒラメキは新しい発想を得るためには大切です。しかし、的はずれのヒラメキも多いですし、ヒラメキだけではすべては解決しません。ヒラメキをきっかけに、論理思考や情報収集などで、アイデアなどを洗練していくことが大切です。

①のヒラメキにははずれも多いのは確かです。②のヒラメキの有効性評価は大切です。③のヒラメキをどんどん実行すると、的はずれの努力も増えてしまいます。④のヒラメキを組み合わせることは有益です。正答例は①②④です。

解説
仮説の立て方①共通項探し、ヒラメキ、観察法

　仮説思考ができる人は、広く全体を概観することが得意です。広く全体を概観することで、世の中の共通項を発見しやすくなります。

　たとえば、海外で起きたことが日本でも起きないかを考えます。また他の業界での成功事例を分析して、自社で適用できる共通項探しをします。

　仮説思考ができる人は、自分が見えている世界の共通的な傾向を、仮説として見つけようとします。仮説が見つかれば、自分が知らない世界や未来の世界を、その仮説に基づいて類推しようとします。見えない世界が、おぼろげながらも見えるようになります。

　日ごろから問題意識を持っていると、仮説がひらめきやすくなります。「なぜだろう」という問題意識を持ちながら仕事や日常生活を送ることで、その答えが仮説としてひらめきやすくなります。

　また1つの物事をじっくり観察することで、ヒラメキが出る場合もあります。先入観を捨てて物事をありのままに見る観察力も、仮説発見に効果的です。

（ ヒラメキや観察で「気づき」から仮説を得る ）

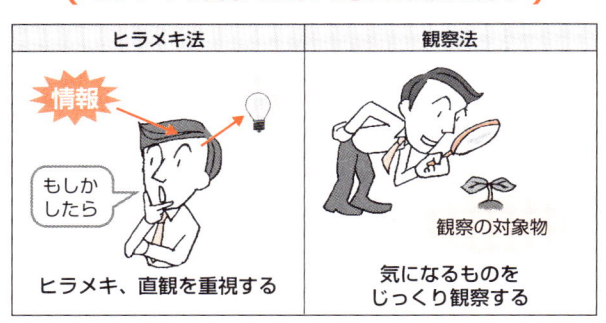

ヒラメキ法	観察法
ヒラメキ、直観を重視する	気になるものをじっくり観察する

31 情報が少なすぎて仮説の立てようがない

Question

ヒラメキや観察してヒントを探すといっても、情報が少なすぎて仮説の立てようがない場合もあります。

さて、データが少ないときは、どうやって仮説を立てますか？

❶お酒を飲んで盛り上がる
❷アンケートで情報収集する
❸現状分析をしてさまざまな情報を収集する
❹数名でディスカッションする

Answer

仮説を立てるためにはある程度の情報が必要です。情報が少なすぎる場合は、情報収集することも一案です。

①のお酒を飲んで盛り上がるだけでは、仮説を立てるために力不足かもしれません。②のアンケート、③の現状分析で情報収集するのも一案です。④の数名でディスカッションすることで、各人が潜在的に持っている情報を共有化することも可能でしょう。正答例は②③④です。

解説 仮説の立て方②データを集めて推測しよう

データを集めて仮説を立てる方法もあります。現状調査、アンケート、市場データ収集などがあります。

現状調査では、現状分析や現状分析から導き出される問題点などから、仮説を立案することが可能です。

アンケート調査では、面接による対面式アンケート調査、郵送などによる非対面式アンケート調査による情報収集があります。特に対面式のアンケート調査では、面接者との対話の中で、仮説がひらめくことがあります。

市場データ収集では、すでにある統計データ、インターネット上に公開されているデータを収集することで、世の中の動向の仮説がひらめくことがあります。たとえば、ヒット商品の傾向の仮説、世の中のトレンドの仮説などがひらめくかもしれません。

仮説の精度を気にせず、仮説の候補を代替案としてどんどん書き出していくのも効果的です。仮説の精度の評価は、仮説が一通り出そろってから行えばいいのです。

最初から精度が高い仮説を出せといわれても容易ではありません。質より量でたくさん仮説を出すことで、そのうち質の高い仮説が出てくるという割り切りをします。仮説の代替案が出そろったら、事実やデータに照らし合わせて、簡単な仮説検証を行ってみます。

（　情報収集により分析のためのデータから仮説を得る　）

アンケート調査
傾向を読み取る

現状調査
現状分析
問題点の明確化

市場データ収集
市場データ
収集・分析

32 直観派の高根部長

Question

営業の高根部長は直観派といわれ、ヒラメキひとつでここまで出世してきたと社内では評判です。しかしそんな高根部長も最近は元気がありません。「どうも最近は直観が当たらなくてね。直観に自信はあるのだけど、ことごとく裏目に出てばかりだよ」と意気消沈です。

さて、そんな高根部長をどう思いますか？

❶ だんだん直観が鈍ってきたのではないか
❷ 一線から離れて現場情報が不足しているのではないか
❸ 直観したことを検証しないで実行しているのではないか
❹ 最近の高根部長は運が悪いのではないか

Answer

わざわざ情報収集しなくても、日常のビジネス現場で無意識に大量の情報を得ていることもあります。なお、直観が自己満足にならないために、「なぜそう感じたのか？」という直観の裏付けを考えることも大切です。

①の直観が鈍ってきたことも考えられますが、情報不足が原因かもしれません。②の現場情報が不足、③の検証していないことは、的はずれの原因かもしれません。④の運が悪いというのは、責任転嫁で他力本願すぎるでしょう。正答例は②③です。

解説
「仮説―実行―検証」のサイクルを回そう

　仮説の精度を高めるためにはどうすればいいのでしょうか。仮説検証のサイクルを回すことで、仮説の精度を高め、かつ仮説を使った対策を実行することができます。

　仮説検証サイクルとは、「仮説立案―実行―仮説検証」のサイクルを回すことです。まず仮説を立案します。仮説は、気づき、分析などから直観やヒラメキ重視で立案します。

　仮説立案ができたら、実行します。実行とは、仮説検証のために必要なデータを収集することです。トライアル法、ピンポイント法、データベース法などがあります。

　必要なデータが収集できたら、仮説を検証します。仮説の修正が必要であれば、素直に修正します。また仮説が間違っていれば、その仮説は却下します。

　電子商取引で有名な「楽天」では、経営理念の中の1つに「仮説―実行―検証」という一文が記されています。データを眺めているだけでは何も気づきは得られません。自ら仮説を立てて、実行して、正しいかどうかを検証することで仕事の品質が高まります。仕事は「仮説―実行―検証」の連続といっても過言ではありません。

（ 仮説検証のサイクルを回す ）

仮説（仮説立案）
・気づき
・分析データ
・代替案を考える

実行（情報収集・実験）
・トライアル法
・情報収集法
・実験法

検証（仮説検証）
・仮説の検証
・仮説の修正
・仮説を使った対策

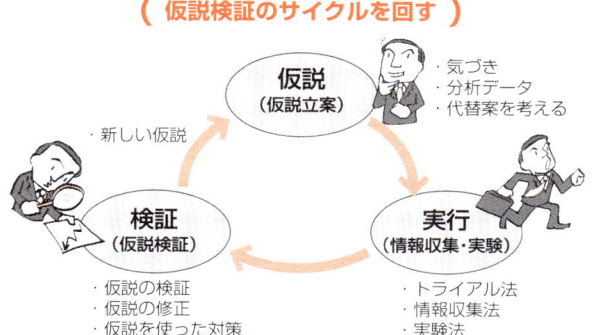

・新しい仮説

33

新製品のチョコを売れる場所に置きたい

Question

久松店長は、新米のコンビニの店長です。先日新発売されたチョコは、久松店長にバカうけ。「是非このチョコを多くの人に食べてもらいたいなあ」と、チョコの売上げアップを考えました。しかし、どこにどう置けばいいのかわかりません。そこで置き場をいろいろ変えてみました。

さて、次の中で最も売れそうな場所はどこですか？

❶棚の最上段の中央部
❷棚の上から2段目の中央部
❸棚の最上段の左側
❹棚の最上段の右側

Answer

あるコンビニでは、「人間の目線は左から右に流れ、右で止まる」という仮説を持っています。確かに無意識に目線を左から右に動かすことが多いのではないでしょうか。特にコンビニで探しものをする場合、右端、棚の最上段で目線が止まりやすいといわれています。

つまり、④の棚の最上段の右側に置くと商品が売れるという実績があるようです。正答例は④です。ただし店舗の雰囲気や棚配置などによって異なります。

> **解説**
> ## 「仮説―実行―検証」の活用場面①実行の仕方

　仮説の実行である検証データ収集には、「トライアル法」「ピンポイント法」「データベース法」の3つの方法があります。

　トライアル法は、実験してみてデータを集めて、仮説が正しいかどうかを検証します。たとえばコンビニ店長が、レジの正面の棚に置いた商品の売れ行きがいいという仮説を置いたとします。ポテトチップなどの商品を、レジの正面の棚に置いた場合と通常の位置に置いた場合で売れ行きを比較すればいいでしょう。

　ピンポイント法は、仮説検証に必要な情報だけをピンポイントで収集します。簡単な調査で仮説が正しいか確認することが可能です。

　データベース法は、過去に蓄積されたデータベースを使って、仮説を検証します。セブン-イレブンではPOSデータを、品揃え、フェイシング（棚に並べる陳列方法）、商品開発などの仮説検証のために使っています。

　仮説を立てただけでは単なる思いつきです。仮説を検証してこそ、仮説の価値が高まるのです。

（ 仮説検証のサイクルのコンビニ例 ）

	1サイクル目	2サイクル目
仮説	土曜日の夕方、パンの売れ行きがいい	休日の朝はパン食ですませる家庭が多い。牛乳やバターは？
実行	POSデータを使って曜日別、時間帯別のパンの売れ行きを集計	牛乳とバターの売れ行きをPOSデータを使って集計
検証	確かに土曜日の17時台からパンの売れ行きが30%アップ。パンの品揃えを改善。	確かに20%アップ。品揃えを改善。土曜日も休日、では金曜日の売れ行きは？

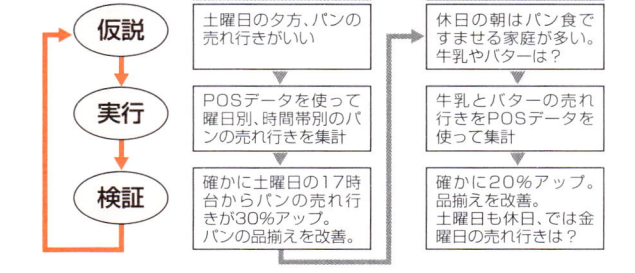

34 西松屋の品揃えの仮説検証

Question

ベビー用品を格安に販売している西松屋は、ある方法で売れ筋商品をいち早く予測することができます。西松屋は全国にチェーン店を持っているため、売れ筋商品の先読みができるといいます。

さて、どうやって売れ筋商品をいち早く先読みできるのでしょうか？

① 昨年の全国データの総合評価ができるから
② 全国の店舗を使ってアンケート調査を実施するから
③ 夏服は沖縄県の売れ筋商品を分析しているから
④ 冬服は北海道の売れ筋商品を分析しているから

Answer

実在の西松屋チェーン（東証・大証一部上場企業）では、夏服の売れ筋商品の予測は、夏が早くはじまる沖縄の販売データの信頼性が高いといわれています。また冬服の売れ筋商品の予測は、冬が早くはじまる北海道の販売データの信頼性が高いといわれています。

①の昨年の全国データでは流行情報が陳腐化してしまいます。②の全国アンケート調査ではタイミングが遅すぎます。③の夏服は沖縄県、④の冬服は北海道の売れ筋商品を分析しているのが正解です。正答例は③④です。

解説
▶「仮説―実行―検証」の活用場面②検証の仕方

　仮説検証に必要なデータが集まったら、仮説を検証して、仮説の精度を高めていきます。仮説が正しければ、仮説を使って実務で応用していけばいいでしょう。仮説に修正が必要であれば仮説を修正します。的はずれの仮説だと判明したら、その仮説を思いきって捨てます。一度立てた仮説に固執する必要はありません。

　ブームとか一過性の現象については、仮説は途中で変更されることもあります。たとえば、消費動向の仮説は、時代とともに変わります。以前では商品は安いものしか売れなかったけれど、最近は消費の2極化傾向で、高くていいものも売れる時代になりました。

　たとえば今までは、「雑穀酒のような安いビールが売れる」という仮説だったかもしれません。しかし正反対の仮説として「本当においしいものなら高くても売れる」という仮説を立ててみてはいかがでしょうか。実際、高価格のプレミアビールが好調な売れ行きのようです。「おいしいものなら高くても売れる」という仮説が検証できるでしょう。

（ 北海道、沖縄の売れ筋情報を先読みして品揃え改善 ）

北海道
冬物衣料の売れ筋情報

沖縄
夏物衣料の売れ筋情報

問題解決力1分間トレーニング／コラム

第4章　仮説思考で洞察力を高めよう

◆ユダヤ人の算数　1＋1＝？

　1＋1＝？　さて結果はいくつですか？
　2と答えるのは算数では正解ですが、社会人の算数としては、平凡すぎていま一歩です。
　ユダヤ人の算数は、1＋1＝1.5です。ただしこれは商品を仕入（購入）する場合です。2つ買うのだから安く買えるはずだというのです。
　このユダヤ人の算数は、子どもの時から親が教え込むそうです。子どもの時から商売の原則を教え込むのです。
　では売るときはどうでしょうか。売るときのユダヤ人の算数は、1＋1＝2.5です。2つのものを組み合わせて付加価値をつけて売るのです。
　1＋1が売るときに2を超えるのは難しいのではないかと思う人は、まだ商売根性が足りないかも（笑）。なぜなら、メーカーは安い部品を仕入れて、部品を組み立てて、部品代や製造原価に上乗せして製品を販売しています。
　一方、1＋1が買うときに2を下回るのは難しいのではないかと思う人はいませんか。量販店では、大量仕入でメーカーに値引き圧力をかけて大幅なディスカウントを勝ち得て、大きな利益を得ています。
　あなたの1＋1＝？　はいくつですか？

第5章 情報の整理整頓力を身につけよう

35 雨乞いの天才

Question

あるお寺に「雨乞い名人」と呼ばれるお坊さんがいました。そのお坊さんがお祈りをすると、必ず雨が降るそうです。さて、それはいったいなぜでしょうか？

❶それはあり得ない
❷長崎のお坊さんだから（歌：長崎は今日も雨だった）
❸雨が降り出しそうになってからお祈りをするから
❹雨が降るまで祈り続けるから

Answer

この問題では、何日以内に降るという「時間」に関する記述がありません。したがって、「雨が降るまで祈り続けるから」というのが正解です。正答例は④です。③でも可。

解説
モレやダブリがない状態で全体を概観しよう

モレやダブリがない状態で全体を概観することで思考力を高めることができます。

モレがあると、論理思考の障害になります。たとえば、新規事業のいい面ばかりを主張したとします。しかしリスクについて十分に検討されていなければ、優れた提案とはいえません。

一方、ダブリがあると、全体と部分の関係が複雑になり

ます。全体と部分の関係がわかりにくいと、本人も聞き手も混乱してしまいます。

モレやダブリがない状態を、ミッシー（MECE：Mutually Exclusive Collectively Exhaustive）といいます。ミッシーで全体像を整理することで、全体と部分の関係を整理して体系的に進めることができます。

ミッシーの活用場面としては、何か新しいことをはじめるとき、全体像を見失っているとき、努力してもモグラタタキ状態で成果や出口が見えないとき、少ない努力で成果を上げたいときなどです。また何かを分類するときには、ミッシーを留意しましょう。

最もわかりやすいミッシーの例は性別です。男と女でミッシーです。また数値化できるものは比較的ミッシーにしやすくなります。たとえば、年齢層や所得層などはミッシーで分類することが容易です。

なお、ミッシーで全体像を把握したら、重要度評価をして優先順位をつけます。全体を見わたして、チャンスや投資対効果が高いところに着目することで、少ない努力で成果を上げることができます。

(モレやダブリがない状態で全体を概観しよう)

ミッシー（MECE:Mutually Exclusive Collectively Exhaustive）
モレやダブリがない状態

ミッシーのイメージ

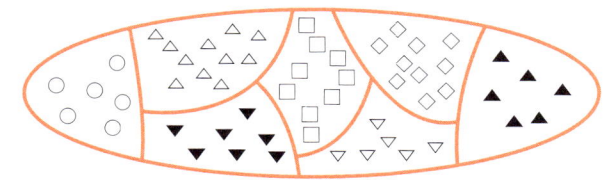

36 新製品開発、しかし全く売れない

Question

西山機械は自動食器洗浄機を、全社の技術の粋を集めて開発しました。しかし全く売れません。「こんなにいい製品を作ったのに、なぜ売れないのか」と社長も怒り心頭です。

さて、なぜこの新製品が売れなかったのでしょうか？いろいろ想像を働かせてみてください。

❶製品性能はいいが使いづらかったのかもしれない
❷価格が高かったのかもしれない
❸消費者向けの販売網がなかったのかもしれない
❹販売促進が不十分だったのかもしれない

Answer

「こんなにいい製品を作ったのに売れない」というのは、よくある話のようです。この問題では、マーケティングの4P（Product、Price、Place、Promotion）視点で考えると、大きなモレを見つけやすくなります。

①の製品（Product）性能、②の価格（Price）が高い、③の消費者向けの販売網（Place）、④の販売促進（Promotion）が不十分など、すべての可能性が考えられます。正答例は①②③④です。

解説 ▶ フレームワークで全体像をわしづかみしよう

　フレームワークとは「全体の枠組み」を明らかにしたもの、「全体の構成要素」を明らかにしたものです。フレームワークは全体の構成要素にモレやダブリがない状態（ミッシー）であることが必要です。

　フレームワークを先に考えることをおすすめします。フレームワークで把握することで全体像を把握できます。

　コンサルティング会社で有名なマッキンゼーは、経営を7Sのフレームワークでとらえています。7Sは「組織（Structure）」「戦略（Strategy）」「システム（System）」「人材(Staff)」「スキル（Skill）」「スタイル（Style）」「価値観（Shared Value）」です。経営を7Sでとらえることで、経営全体をミッシーで把握することができます。

　近年経営革新で注目を浴びたBSC（バランスド・スコア・カード）は、戦略の視点、財務の視点、顧客の視点、業務プロセスの視点、学習と成長の視点をフレームワークとしています。

　生きるために最小限必要なものとして「衣食住」のフレームワークがあります。フレームワークは単純ですが、全体の構成要素を簡潔に把握することに優れています。

(フレームワークの例：マッキンゼーの7S)

ハードの3S
- 組織 (Structure)
- 戦略 (Strategy)
- システム (System)

ソフトの4S
- 人材 (Staff)
- スキル (Skill)
- スタイル (Style)
- 価値観 (Shared Value)

37 問題点が山積み

Question

　山根製造部長は改善活動に熱心です。「君たち、少しのムダも積もれば大きな損失になる。地道な改善が必要だ。小さいことからコツコツと」というのが口癖でした。
　ある日、改善強化月間のイベントとして、製造部の問題点を洗いざらい出そうということになりました。
　さて、問題点を出し合ういい方法は？

❶ 重要な問題点を1人3つずつ出して全部解決する
❷ 問題点を1人10個以上出すが重要度を評価する
❸ 問題点をブレーンストーミング（自由発想）で出し合う
❹ 付箋紙1枚につき1つずつ問題点を書き出す

Answer

　できることは何でもやるという心構えは大切ですが、現実的には、限られた時間と予算です。重要度が高い問題点を絞り込んで、効果が高い対策に専念しましょう。また一度に10個のテーマを1人で抱え込むと、すべてが中途半端になります。
　①の1人3つずつ出したとしても、30人いれば90個で多すぎます。②の問題点を1人10個以上出す、③の問題点をブレーンストーミング、④付箋紙に問題点を書き出すのも、問題点を出しやすくなります。ただし、いずれも重要なものを数個以内に絞り込むことが必要です。正答例は②③④

第5章 情報の整理整頓力を身につけよう

です。重要なものだけを厳選します。

解説 付箋紙を使って情報を整理しよう

付箋紙とブレーンストーミング（自由発想）を併用して、情報を整理することができます。「なぜ当社は儲からないのか？」というテーマで考えてみましょう。問題点を各人がブレーンストーミングで付箋紙に問題点を書いていきます。付箋紙が揃ったら、書いた人が付箋紙を読み上げながら、摸造紙の上で類似した問題点があるところに移動させます。

たとえば、製品クレームが多い、歩留りが悪いなどは、品質管理の問題なので近くに集めます。こうして同じようなグループに、たとえば「品質管理が悪い」というような問題点を代表する付箋紙を作成してグループ化します。小グループ、中グループ、大グループなど、代表する付箋紙を作成しながら、最後にマジックなどで枠を囲みます。

付箋紙を使うと、書いた後に自由に移動でき、貼り付けたりはがしたりすることもできます。位置が確定したら、セロテープなどで貼り付ければ、はがれてバラバラになることはありません。

（ 付箋紙を使って情報を整理してみよう ）

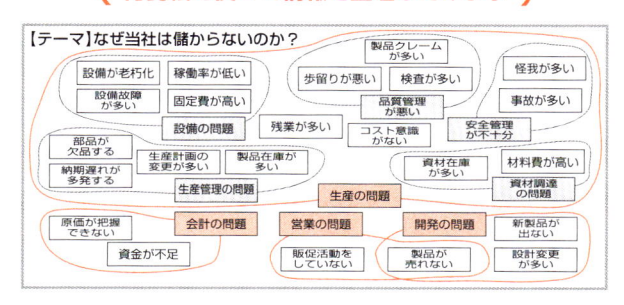

【テーマ】なぜ当社は儲からないのか？

- 設備が老朽化
- 稼働率が低い
- 設備故障が多い
- 固定費が高い
- 設備の問題
- 製品クレームが多い
- 歩留りが悪い
- 検査が多い
- 品質管理が悪い
- 怪我が多い
- 事故が多い
- 安全管理が不十分
- 部品が欠品する
- 生産計画の変更が多い
- 製品在庫が多い
- 納期遅れが多発する
- 残業が多い
- コスト意識がない
- 資材在庫が多い
- 材料費が高い
- 資材調達の問題
- 生産管理の問題
- 生産の問題
- 原価が把握できない
- 会計の問題
- 資金が不足
- 営業の問題
- 販促活動をしていない
- 開発の問題
- 製品が売れない
- 新製品が出ない
- 設計変更が多い

89

38 どれが同じ仲間同士でしょうか？

Question

それぞれ3つの組み合わせの共通項は何でしょうか？

❶ トンボ、鳩、飛行機
❷ マヨネーズ、オムレツ、チャーハン
❸ シロクマ、アザラシ、クリオネ
❹ シェパード、オオカミ、プードル

Answer

同じ仲間探しをすることで、グループ化することができます。

①のトンボ、鳩、飛行機は飛ぶものです。②のマヨネーズ、オムレツ、チャーハンは、材料が卵、または食べ物です。③のシロクマ、アザラシ、クリオネは北極に住む生物です。④のシェパード、オオカミ、プードルはイヌ科、または生物です。正答例は①飛ぶ②材料が卵、食べ物③生物、北極④イヌ科、生物です。

解説 グルーピングする習慣を身につけよう

一度に多くのことを言われても、頭が混乱します。一度に多くのことを言われたとき、人間の記憶力には限界があります。人間の記憶力の限界は7つ前後といわれ、これをマジックナンバー・セブン・プラスマイナスといいます。

第5章 情報の整理整頓力を身につけよう

　プラスマイナスは、個人差があるという意味で、5個で限界の人もいれば、8個も可能という人もいます。人間の記憶力の限界を同時に示した数字です。
　あなたが買い物に行くときにメモをするとします。白菜、卵、ハムなどバラバラに書かれたメモと、野菜は白菜と人参、肉類はハムと牛肉とグルーピングされたメモ。どちらがわかりやすいでしょうか。7個を超えたあたりから、グルーピングされたメモの方がわかりやすいのです。
　大量の情報を上手に把握する方法として、グルーピングがあります。グルーピングは仲間探しです。同じ種類のものを集めて、野菜、肉類などのグループ名をつけるのです。グルーピングすると、情報のモレに気がつきやすくなります。
　また、野菜、肉類より大きなグループとして食品を考えたとします。食品以外で他に何かモレはないかを考えると、歯ブラシや石けんなどの買い物忘れに気がつきます。7つを超えたら、共通項探しでグルーピングしてみましょう。

共通項探しでグルーピングする習慣を身につけよう

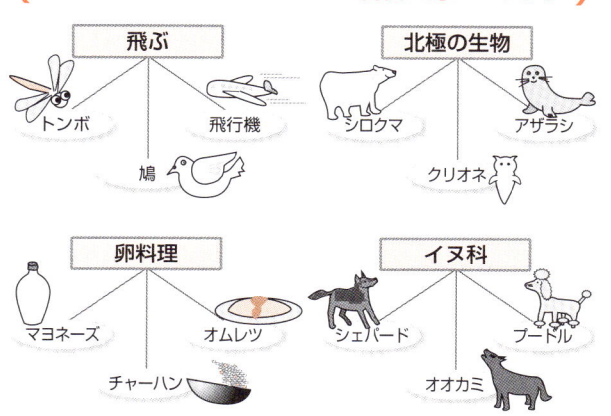

飛ぶ: トンボ、飛行機、鳩

北極の生物: シロクマ、アザラシ、クリオネ

卵料理: マヨネーズ、オムレツ、チャーハン

イヌ科: シェパード、プードル、オオカミ

39 野球もサッカーも好きな人は何人？

Question

藤田くんのクラスは45人います。アンケートをとったところ、次のような結果が出ました。野球が好きな人は25人、サッカーが好きな人は15人、どちらも嫌いな人は10人でした。
では、野球とサッカーの両方が好きな人は何人ですか？

❶5人
❷10人
❸15人
❹20人

Answer

高校の数学で学ぶ「集合」です。45人中、どちらも嫌いな人は10人いるので、野球のみ、サッカーのみ、両方が好きな人は35人です。

35人中、野球が好き25人とサッカーが好き15人を足し算すると25＋15＝40人。しかし35人しかいないので、40－35＝5人があふれてしまう。5人が両方を好きとすると、野球のみ25－5＝20人、サッカーのみ15－5＝10人、両方が好きな人は5人で、合計35人になる。正答例は①です。

第5章 情報の整理整頓力を身につけよう

解説
重複関係の有無を区別する習慣を身につけよう

　重複がある場合、どちらか1つに属する場合、どちらにも属さない場合など、重複関係の有無を区別する習慣を身につけましょう。わかりにくい場合は、図解にしてみればいいのです。

　では類似の問題をもう1問。

　藤田くんのクラスは45人います。アンケートをとったところ、パソコンを持っていない人は5人です。デスクトップパソコンを持っている人は20人、ノートパソコンを持っている人は30人です。では、両方持っている人は何人でしょうか？

　パソコンを持っている人は、45－5＝40人です。デスクトップ20人＋ノート30人＝50人。50－40＝10人の重複があります。したがって両方持っている人は10人です。

　図解を書かないで考えた場合より、図解を書いて考えた場合の方が、早く正確に考えやすくなります。重複関係がある場合は、図解にして考えるのが得策です。

（ 重複関係の有無を意識しよう ）

全体45人

野球 25人　？？　サッカー 15人

嫌い10人

40 その日の機嫌で判断が変わる恐妻家の上司

Question

香山部長は気分屋で部下たちも困っています。朝一番で不機嫌なときは、その日1日が不機嫌です。何を提案しても文句を言われて突き返されます。しかし朝一番で機嫌がいいときはその日1日、部下たちは穏やかに過ごせます。というのも、香山部長は恐妻家で、奥さんとうまくいかない日は不機嫌なようです。

さて、香山部長をどう思いますか？

❶ 人間的で憎めない人だ
❷ 公私の区別ができていない
❸ 部下にとってはかえって扱いやすい人だ
❹ 会社と家庭は切り離して考えるべきだ

Answer

原因と結果の因果関係を明確にしない人は、論理的な人とはいえません。家庭で起きた不機嫌な原因を、仕事に持ち込んでもらいたくないものです。また気分屋は、自己都合によるもので、他人に迷惑をかけるのはわがままです。

①の人間的というより、単なるわがままです。②の公私の区別ができていないといえるでしょう。③のかえって扱いやすい人というのは、要領がいいごく一部の部下のみでしょう。④の会社と家庭は切り離して考えるべきに賛成です。正答例は②④です。

解説
独立と従属関係を区別する習慣を身につけよう

前問では一部重複の関係について考えてみました。ここでは、2つの関係が独立関係なのか、それとも従属関係なのかを考えてみましょう。

独立関係は、全く重複がない場合です。たとえば、ほ乳類（人間やトラなど）とは虫類（ヘビやワニ）は、重複関係ではありません。なぜなら、ほ乳類でかつは虫類の両方に属している生物はいないからです。

従属関係は、一方がすべてを包含する関係です。たとえば、生物とほ乳類は従属関係です。ほ乳類のすべてが生物なので、ほ乳類は生物の中に包含されます。

独立関係なのか、従属関係なのか、または一部重複関係なのか、相互関係を意識することで、頭の中が整理できます。特にミッシー（モレやダブリがない状態）やフレームワークを考える場合、構成要素が独立関係である必要があります。従属関係や一部重複関係ではダブリが出てしまいます。

（ 独立関係、従属関係を意識しよう ）

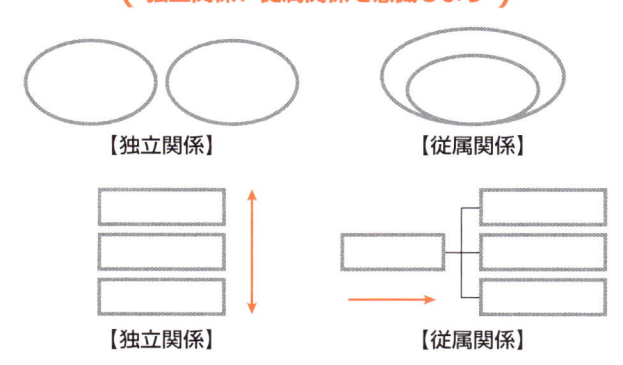

【独立関係】　　　　【従属関係】

【独立関係】　　　　【従属関係】

41 場当たり的に指示を出す西尾社長

Question

ベンチャー企業を立ち上げて成功した西尾社長は熱血漢。従業員数が300人を超えた今でも、陣頭指揮をとります。しかし、朝令暮改（朝命令したことを夕暮れには改めること、一貫性がないこと）で、判断がコロコロ変わるのが玉にキズです。

たとえば、「山田物産を重点営業しなさい」といっていたと思ったら、「山田物産より亀山物産を重点営業しろ」と豹変します。

さて、この西尾社長をどう思いますか？

❶その場に合わせた臨機応変は重要である（よい）
❷フットワークがいいので好感が持てる（よい）
❸経営者は一貫性が重要だ（わるい）
❹会社の戦略が見えない（わるい）

Answer

経営者が朝令暮改では、会社は大混乱します。経営には一貫性が重要です。ある程度規模が大きくなると、会社は急に変われません。

①の臨機応変は、経営レベルでは朝令暮改で現場は大混乱します。②のフットワークは現場には必要ですが、経営レベルでは慎重さが必要です。③の経営者は一貫性が重要、④の会社の戦略が見えないは同感です。正答例は③④です。

解説 ロジックツリーで階層に分けてみよう

全体像を把握するために便利な手法として、ロジックツリーがあります。ロジックツリーは、論理（ロジック）の木（ツリー）です。論理の構成要素である幹や枝葉関係を、独立関係や従属関係でつないで体系的に整理する手法です。

ロジックツリーは、エクセルなどの表計算ソフトを使って作成することもできます。表計算ソフトを使った方が、追加・修正・削除が容易です。独立関係や従属関係を1枚に表現できるので、全体像を把握するのに便利です。

ロジックツリーの利用場面として、会社や事業の課題を体系的に整理するとき、独立関係や従属関係のある情報を整理するとき、膨大な情報を整理するときなどがあります。

私たちの頭の中は、ロジックツリーのようにきれいに階層に情報が整理されていない場合がしばしばです。ロジックツリーで情報の独立関係や従属関係で整理してみると、頭の中が少しスッキリしてきます。

（ ロジックツリーで階層に分けて情報を整理しよう ）

【図解表記】

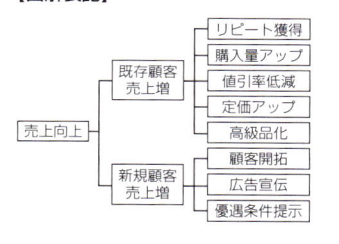

```
                  ┌ リピート獲得
                  ├ 購入量アップ
         ┌ 既存顧客 ┼ 値引率低減
         │ 売上増  ├ 定価アップ
         │        └ 高級品化
売上向上 ┤
         │        ┌ 顧客開拓
         └ 新規顧客 ┼ 広告宣伝
           売上増  └ 優遇条件提示
```

【エクセル表記】

主要課題：売上向上

レベル1	レベル2
既存顧客売上増	リピート獲得
	購入量アップ
	値引率低減
	定価アップ
	高級品化
新規顧客売上増	顧客開拓
	広告宣伝
	優遇条件提示

利用場面
- 大小関係や因果関係のある情報を整理するとき
- 膨大な情報を整理するとき大小関係で階層化する

42 話が長い永井先輩

Question

「この件は〜でして、〜の者が対応しておりますが、なかなか成果が出ず、〜に依頼して善処しており、その結果を待っていただければ、それ相応の結果が出ると思いますので、もうしばらくお待ちいただきたくお願いしたいのですが、みなさまはどうお考えでしょうか。」という話。

さて、この話し方をどう思いますか？

❶話し方が丁寧でよい
❷話が聞きづらい
❸句点「。」が少なすぎる
❹要するに何を言いたいのかがわかりにくい

Answer

聞き取りやすい話、読みやすい文章は、ワンセンテンス・ワンメッセージ（1つの文章に伝えたいことを1つだけにする）です。1つのメッセージを書いたら、句点である「。」で区切ります。

①の話し方が丁寧というより、話がてんこ盛りすぎます。②の話が聞きづらい、③の句点が少なすぎる結果、④のわかりにくい話になっています。正答例は②③④です。

解説 コンセプトで単純明快に考えよう

コンセプトとは、エッセンスや基本方針を、単純明快にわかりやすく伝える言葉です。身近にあるコンセプトや有名なコンセプトをいくつかご紹介しましょう。牛丼の吉野家では「うまい・はやい・やすい」が有名です。吉野家に限らず、すべてのファーストフードがめざしているコンセプトといえるでしょう。

コンビニは、「家庭の冷蔵庫代わり」であり、近年は「街角の情報・金融拠点」ということもできます。ジャスコなどの量販店は、「ワンストップショッピング」と「薄利多売」です。1カ所で何でも揃うという便利さが魅力で、かつ大量に販売することで格安の販売を可能にしています。

近年有名になった掃除機のダイソンのコンセプトは、「ダイソン。世界でただひとつの吸引力の変わらない掃除機」です。ただひとつ（オンリーワン）を強調することで、ダイソンの特徴を簡潔に表現しています。

かつて有名だったのは、「世界で最も安全な車、ボルボ」「世界のビール、バドワイザー」です。このコンセプトにより、2社は世界で一気に知名度を上げたようです。コンセプトで単純明快にポイントを伝えましょう。

（ コンセプトで単純明快に考える ）

コンビニエンスストア 家庭の冷蔵庫代わり	フランチャイズ 胴元ビジネス
通信販売 ホームショッピング	ファーストフード うまい・早い・安い
量販店 ワンストップショッピング	経営革新 内部統制、CSR
旅行ブーム 安・近・短	メーカーの世界戦略 現地生産・現地販売

43 「最後になりますが」を何度も繰り返す上司

Question

森本部長は、結婚式などのあいさつで、終わりが読めないスピーチをします。「最後になりますが〜です。なお最後に〜について是非お話ししたく〜です。そして最後になりますが〜です。また今までのことをまとめますと〜です。最後にご参加者の方がたにお礼を申し上げます」

さて、森本部長のスピーチをどう改善しますか？

❶「1つ目は〜」「2つ目は〜」と番号をつける
❷「ポイントは3つあります」と数を先に宣言する
❸思いきって言いたいことを3つ前後に絞り込む
❹「最後に」をつけると真剣に聞いてくれるのでよい

Answer

最初に伝えたいことをいくつと宣言することで、聞き手に聞く準備ができます。ただし、4つ以上のことをメモなしで理解するのは苦痛です。3つくらいに絞り込んだ方が得策です。

①の「1つ目は〜」と番号をつけるのもメリハリがあります。②の数を先に宣言すると聞き手に聞く準備ができます。③の3つ前後に絞り込むこともおすすめです。④の「最後に」をつけるとすれば1回だけ。正答例は①②③です。

解説 ナンバリングをつける習慣を身につけよう

一度に多くのことを記憶する限界は7つ前後といわれています。しかし自然に無理なく、一度に記憶できる個数は3つ前後です。3つ前後であれば、記憶するという負担感が少ないのです。

たとえば、「今日、みなさんにお伝えしたいことは3つあります」といえば、3つくらいなら覚えられそうでしょう。しかし、「今日、みなさんにお伝えしたいことは20個あります」といったら、どうせ覚えられないと思うでしょう。

重要なものを3つずつにまとめると、情報をわかりやすく整理することができます。場合によっては、重要度が低い情報を切り捨てることも必要です。

なお人間の記憶力や理解力を補完する方法として、ナンバリング（番号づけ）があります。「1.」「2.」のように番号を振ることで、大量の情報を少量ずつに区分けして理解することができます。また番号を階層に分けることで、より大量の情報を整理することができます。ナンバリングを使って報告書などを作成しましょう。

(ナンバリングで情報整理する習慣を身につけよう)

```
1.
  (1)
    ①
    ②
    ③
  (2)
    ①
    ②
2.
  (1)
    ①
    ②
  (2)
    ①
    ②
```

```
1.                    2.
  1-1.                  2-1.
    (1)                   (1)
      ①                    ①
      ②                    ②
    (2)                   (2)
      ①                    ①
      ②                    ②
  1-2.                  2-2.
    (1)                   (1)
      ①                    ①
      ②                    ②
    (2)                   (2)
      ①                    ①
      ②                    ②
```

問題解決力1分間トレーニング／コラム

第5章　情報の整理整頓力を身につけよう

◆捨てられない血液O型の人

　血液型O型の人は、ものを捨てられない人が多いといわれています。思い出を大切にするので、捨てられないようです。たとえば引っ越しをするときに、子どもの頃に着た小さくて着られない洋服を捨てられないのです。

　以前セミナーで、「捨てて身軽になる」というテーマで、6名のグループ単位で、10分間ほどディスカッションしてもらいました。何をディスカッションしたかを聞いたところ、あるグループでは、「捨てることは大事だよね。でもなかなか捨てられないよね」と意見が一致したのです。

　「みなさんの中で血液型O型の人は手を挙げてください」といったところ、6名全員が恐る恐る手を挙げました。会場は爆笑です。私もまさか全員が血液型O型とは思わなかったので。捨てられないことで意気投合したO型チームでした。

　整理整頓の第一歩は、不要なものを捨てることからはじまります。仕事の書類であれば、二度と使わないもの、電子データに保存してあるものは捨ててもいいでしょう。

　ただし印鑑が押されている書類は捨てない方が賢明です。印鑑が押されているものは、再発行が困難です。また会社の事務処理上、保管が必要なものもあります。印鑑が押された書類は捨てないでファイリングしましょう。

第6章
ベストプラクティス（最良の事例）に学べ

考える！その1分が会社を変える

44 過去の前例の引用が口癖の池田総務部長

Question

池田総務部長は、会社の生き字引ともいわれています。過去の社内の出来事すべてを記憶しているのです。そのため、何かにつけて前例を引き合いに出します。

たとえば、新規事業の提案をすると、「10年前に新規事業をやって大失敗したから、今度も必ず失敗する」と話を聞いてくれません。また、社内の研修制度を確立すべきではないかと提案すると、「わが社には研修をやった前例がない」と聞く耳を持ちません。

さて、こんな池田総務部長をどう思いますか？

❶記憶力がいい人は有能な人が多い
❷過去の前例に従っていれば大きな間違いはしない
❸過去の前例だけでは大きな飛躍はできない
❹外部環境が変われば成功要因は変わるはず

Answer

かつての優秀な人材の条件は、記憶力がいい人でした。しかしコンピュータが発達した今日、記憶力ならコンピュータを使えば十分です。また、過去の前例に頼りすぎると判断に限界が来ます。外部環境が変化すれば、成功・失敗要因は変化します。

①の記憶力がいいだけでは有能とはいえません。②の過去の前例に従うだけでは環境変化に取り残されます。③の

第6章 ベストプラクティス(最良の事例)に学べ

過去の前例だけでは飛躍はない、④の外部環境が変われば成功要因は変わるはずです。正答例は③④です。

> **解説**
> **外の世界にも目を向けよう**

　過去のしがらみに縛られた井の中の蛙から抜け出しましょう。社内だけしか見ていないと、世の中の変化に取り残されて、会社の体力を消耗していきます。

　社内の変化はゆっくりですが、近年、社外の環境は急速に変化しています。たとえば、企業の社会的責任が大きく問われるようになりました。今までのやり方が、世間では通用しなくなっていることも多いのです。このままでいいのか、何を変えるべきか、外部環境を認識しながらの総点検が必要です。

　ダーウィンの進化論に見るように、「生き残れるものは強いものではない。環境変化に対応できるものが生き残れる」といいます。外の世界に目を向けていなければ、すでに問題に気がついたときには手遅れとなってしまいます。

(外の世界に目を向けよう)

井の中の蛙から脱皮するぞ！

45 ビジネス誌のトレンドを追っかける三木社長

Question

日経ビジネス、東洋経済、ダイヤモンドなど、ビジネスの最新トレンドを掲載しているビジネス誌が数多く出版されています。三木社長は、最新トレンドが大好きです。CSR（企業の社会的責任）、SCM（サプライチェーンマネジメント）、コンプライアンス（法令遵守）など、ビジネス誌のトレンドを追っかけようとします。

さて、このような三木社長をどう思いますか？

❶ 常に最新を追いかけて実践することはいいことだ
❷ トレンドをそのまま自社に適用すべきかどうかは別物だ
❸ トレンドは大企業の話なので無視した方がいい
❹ 他業界の記事を読んでもあまり参考にはならない

Answer

ビジネス誌は最先端のトレンドを知るには効果的です。しかし自社に適用するかどうかは、十分吟味が必要です。規模の違い、業種の違い、企業風土の違い、投資可能額などを考慮することも必要です。

①の常に最新を追いかけるだけでは、自社の一貫性を失い根無し草になります。②のそのまま自社に適用すべきかどうかは別物といえます。③の大企業の話だけとは限りません。④の他業界の記事でも参考になるものもあります。正答例は②です。

第6章 ベストプラクティス(最良の事例)に学べ

解説
ベストプラクティス(最良の事例)はヒント探し

　外の世界に目を向けたとき、ベストプラクティスを調べることがおすすめです。ベストプラクティスとは、他社や他業界の最良の事例です。

　うまくいっている事例を先に調べれば、経営改革のヒントが見つけやすくなります。ゼロから自前で考えるより、よい事例を探した方が賢明です。

　同業種のトップ企業や成長企業は、多くのヒントを与えてくれます。ライバル企業の強みと弱みを調べるのもおすすめです。

　異業種の先進企業もヒント満載です。たとえばメーカーが物流会社の先進事例を調べることで、物流の最先端を学ぶことができます。また、メーカーが情報システムの先進事例を調べることで、情報システムの最先端を学ぶことができます。

　井の中の蛙にならないよう、ベストプラクティス調べは効果的です。海外に目を向けるのも一案です。

(ベストプラクティスを調べてヒントを探そう)

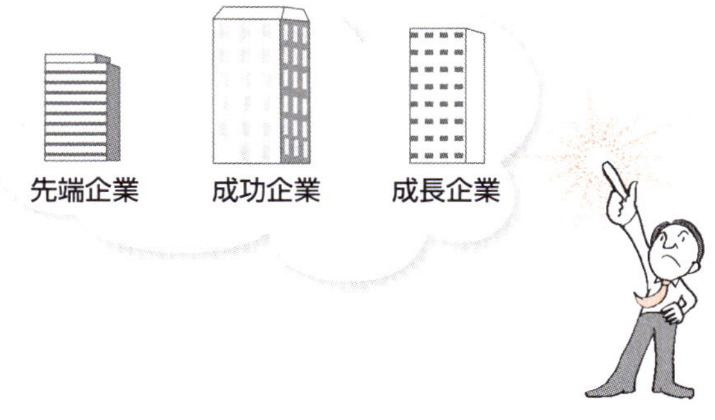

先端企業　　成功企業　　成長企業

46 ベストプラクティスのベストの保証は？

Question

コンサルタントからのアドバイスで、経営改革の準備のため、ベストプラクティスの情報収集をした方がいいといわれました。しかし、ベスト（最良）の事例といわれても、何を基準にベストなのかがよくわかりません。

さて、ベストかどうかを、どう判断すればいいのでしょうか？

❶現実的に手に入る範囲でのベストでいい
❷理想的なベストを、時間をかけてでも探索すべきだ
❸ベストよりもデータ入手の容易性を優先してもよい
❹データ入手の容易性よりもベストを優先すべきだ

Answer

ベストといっても、入手困難なベストを追求するのは現実的ではありません。入手可能な範囲の中でのベストが現実的です。

①の手に入る範囲でのベストが現実的です。②のベストの探索への時間のかけすぎはやめましょう。③のデータ入手の容易性を優先してもかまいません。④のベストを優先もほどほどにすべきでしょう。正答例は①③です（時間的な余裕があれば②も可）。

第6章 ベストプラクティス(最良の事例)に学べ

解説
➡ 手に入る範囲でのベストプラクティスでよい

　ベストプラクティスのベスト（最良）をどのような基準で選べばいいのかという疑問がわくでしょう。以前、ベストプラクティスの専門家を自負しているコンサルタントに聞きました。すると「いやあ、手に入る範囲のベストプラクティスでいいよ」と答えました。「それでいいの？」と聞き返すと、「だって、手に入らないものを追っかけてもしょうがないじゃない」という回答でした。

　ベストにこだわりすぎると、かえって迷いが生じます。入手の容易性を優先するのも一案です。

　メーカーのベストプラクティスといえば、トヨタ自動車でしょう。トヨタ自動車に関する単行本が年間何十冊も出版されています。

　ただしベストプラクティスを真似すれば、すばらしい会社に変身できるのかという議論はあります。答えは否です。トヨタ自動車の真似をすることは極めて難しいわけです。生産形態、販売状況、企業風土によって適用できない場合が大半だからです。ただすべてを真似ようとするのでなく、そこから得られるヒントを活かすことが大切なのです。

(入手可能な範囲でのよりよい事例でよい)

入手可能な範囲

現実的に

47 なぜパソコンのデルは安く売っても儲かる？

Question

パソコンのデルは、一般的な注文方法としてインターネットか電話を使います。カスタマイズ対応が容易で、CPU（集中演算装置）やハードディスクなどの組み合わせが自由です。そして他のメーカーと比較すると、非常に格安価格で販売しています。

さて、なぜデルは格安に販売することができるのでしょうか？

❶販売店を通さないから（中間マージンなし）
❷作り置きの製品在庫を持たないから
❸注文手続きに人手があまり介在しないから
❹製品の組立を人件費が安い会社に委託生産しているから

Answer

デルがBTO（ビルト・トゥ・オーダー：注文を受けてから組み立てる）とファブレス（工場を持たないメーカー）のビジネスモデルを実現しました。これによって、パソコンの生産から販売の画期的なコストダウンに成功しました。

①の販売店を通さないので中間マージンなし、②の製品在庫を持たないから在庫コストなしを実現しています。③の注文手続きに人手が介在しない、④の組立を委託生産していることも運用費や固定費削減に寄与しています。正答

例は①②③④です。

解説 ビジネスモデルを探れ

インターネットの普及により、ビジネスモデルという言葉が有名になりました。ビジネスモデルは、儲けの必勝パターンを明確にした儲けのしくみです。

ビジネスモデルで有名になったのが、パソコンで有名な「デル」です。注文してから生産するので、在庫ロスもなく、格安に生産し販売することを可能にしました。

ユニクロは、「ユニクロ方式」というビジネスモデルを確立して急成長しました。生産から販売までを自社で一貫して行います。売れ残り製品を作らないため、販売と在庫を見ながら生産することを可能にしました。このビジネスモデルは、紳士服の青山商事がいち早く確立していました。

フランチャイズ方式もビジネスモデルです。セブン-イレブンなど、コンビニはフランチャイズ方式の一種です。

ただ、ビジネスモデルを真似すれば必ず成功するというわけではありません。たとえば、デルやセブン-イレブンの真似をするだけでは、先行企業の競争力には勝てません。

(デルのビジネスモデル（BTO：ビルト・トゥ・オーダー）)

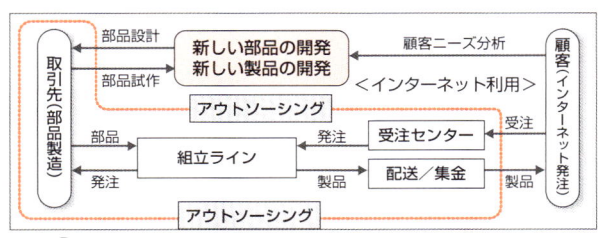

- 直販により量販店のマージンをカット
- 製品在庫を持たない（受注してから生産）
- 工場を持たない身軽な経営（アウトソーシング）

48 競合のどちらを攻めるか？

Question

金田物産は商社の繊維部門としては業界トップです。また、鉄鋼部門では業界3位です。

一方、花巻物産は、繊維部門としては業界3位、鉄鋼部門は業界2位です。会社全体の売上げとしては、どちらも同程度の規模です。

さて、あなたが花巻物産の社長ならば、競合（金田物産）の繊維部門（業界トップ）との勝負を優先するか、自社（花巻物産）の鉄鋼部門（業界2位）を伸ばす方を優先するか、どちらにしますか？

❶競合の繊維部門（業界トップ）との勝負を優先する
❷自社の鉄鋼部門（業界2位）を伸ばす方を優先する
❸繊維と鉄鋼の両方を優先する
❹競合は気にしないでマイペースを維持する

Answer

自社の強みを活かすこと、競合の弱みを攻めることは戦略の定石です。

①の競合のトップ分野に勝負しても容易には成果は出ません。②の自社が強い業界2位を伸ばす方を優先すべきです。③の両方を優先では中途半端になります。④のマイペースでは時代の流れから取り残されます。正答例は②です。

第6章 ベストプラクティス(最良の事例)に学べ

解説
ベストプラクティスの活用場面①同業他社に学べ

同業他社に学ぶことは、身近な事例で適用が容易です。ただし同業他社を調べることが難しい場合もあります。

同業他社との接点は、営業が比較的多いので、営業部門が情報収集するのも一案です。近年、同業同士でアライアンス(協働)を組む時代です。以前より同業間の交流が増えつつあります。

業界のトップ企業、異色の業界2位、成長率が高い企業など、ベストプラクティスの対象候補です。同業他社を調べる定番は強みと弱みの分析です。競合の弱みにつけ込めば、有利な戦いが可能になります。

他に財務分析、販売、生産、仕入、情報システム、人事や組織分析などを行います。

また成長率が著しく高い企業では、何か新しいビジネスモデルが発見できるかもしれません。ビジネスのやり方を根本的に変えているとか、新しい成長分野を発見して活路を切り開いているかもしれません。ベストプラクティスでヒント探しをしましょう。

(相対的に敵の弱いところを攻めるのが定石)

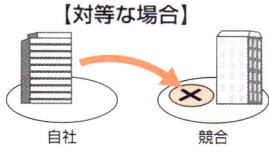

【対等な場合】
自社 → 競合
○競合の弱い部分を攻める

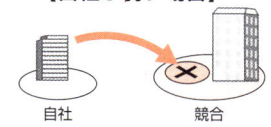

【自社が弱い場合】
自社 → 競合
○全力で競合の弱い部分を攻める
○ニッチ市場(すきま市場)を攻める

- 敵の強みを攻めると消耗戦になる(返り討ちにあうこともある)
- 少ない資源で成果を上げるためには相対的に敵の弱いところを攻める
- 競合が注目していないニッチ市場を攻める

49 競合企業の調査が十分できない悩み

Question

競合他社を調査しようと思っても限界があります。たとえば、競合他社に面と向かってヒアリングさせてくださいとはいえません。営業同士で非公式に雑談することはあっても、なかなか必要な情報は教えてくれません。

さて、競合他社の調査の限界にはどう対処すればいいのでしょうか？

❶正々堂々と同業他社に調査を申し込む
❷業界調査をリサーチ専門の会社に依頼する
❸業界にかかわらず優良企業にも目を向ける
❹業界にかかわらず成長企業にも目を向ける

Answer

同業他社に限定しないで、異業種に学ぶこともベストプラクティス活用の1つです。

①の正々堂々と同業他社に調査を申し込むのはややムリがあります。ただし業務提携が前提ならあり得るでしょう。②の業界調査を調査会社に依頼するのも一案です。③の優良企業、④の成長企業にも目を向けることはおすすめです。正答例は②③④です（ダメモトで①も可）。

解説 ベストプラクティスの活用場面②異業種に学べ

同業他社の調査に限界があるなら、異業種のベストプラクティス調査が効果的です。

近年、アウトソーシング（外部委託）が増えています。アウトソーシングをする目的は、高い品質の仕事を変動費で手に入れることです。

たとえば、物流を自社で行うには、莫大な固定費が必要になります。物流センターの土地と建物の入手、多くのトラックと運転手を自前で手配するには、何百億円もの投資が必要です。

メーカーにとってお金をかけるべきところは、製品や技術の開発投資です。物流は固定費で抱えるより、物流の専門会社にアウトソーシングした方が賢明です。高い仕事の品質と低固定費が同時に手に入ります。

異業種のビジネスモデルを研究する方法もあります。たとえば、コンビニやファーストフードで成功したフランチャイズ方式は、さまざまな業界に広がっています。また楽天やデルのようなインターネットを使った販売方式も、さまざまな業界で応用されて進化し続けています。

（ 異業種に学べ ）

家電　食品　情報通信　流通

自動車　異業種にもヒントあり　金融

50 伸びるお笑い芸人と忘れられるお笑い芸人

Question

お笑いブームが到来し、新しい芸能人が世の中に輩出されてきました。多くの芸人が新たに登場する一方、多くの芸人が忘れ去られてきました。

では、人気を博して、その後も生き残りができる芸人の共通項は何でしょうか？

❶異様な芸風がなければ注目されない（人気が出ない）
❷トーク番組で面白い話ができなければ生き残れない
❸1人芸人よりコンビを組んだ方が長続きする
❹司会者や人気がある芸人との人間関係が重要

Answer

有名人になるためには「エッジ（刃先、縁）を効かす」ことが必要です。エッジを効かすとは、何かに異常に特徴を持たせることです。たとえば、「そんなの関係ない」で有名になった裸芸人「小島よしお」、SM女王キャラの「にしおかすみこ」などは極めて個性的芸風で、エッジが効いた例です。

一時的に人気が出ても、長期間生き残れなければうまみがありません。先輩たちの成功・失敗要因を分析し、自分に活かしていくことが大切です。

①の異様な芸風でエッジを効かすことができます。芸風も飽きられるので、②のトーク番組での生き残りが大切で

す。③のコンビを組んだ方が、コンビ名がブランド化できれば長続きします。④の人気芸人との人間関係がよくなければ番組出場できません。正答例は①②③④です。

解説
ベストプラクティスの活用場面③成功者に学べ

　大橋巨泉さんが登場するまでは、司会者は単なる議事推進役でした。決められた番組構成、決められたナレーションに沿って進めるのが司会者の役割でした。結婚式の司会者的役割で、あくまで主人公を引き立てる影武者的役割でした。

　しかし大橋巨泉さんは、「クイズダービー」という番組で司会者のビジネスモデルを変えたといわれています。司会者は出演者の面白さを引き出す臨機応変の対応によって笑いを得たのです。大橋巨泉により司会業は、お笑いタレントの生き残りのチャンスを広げました。

　お昼の長寿番組「笑っていいとも！」のタモリさんが何十年も司会を続けられているのは、出演者の面白さを引き出すことを重視しているからではないでしょうか。旬のタレントの面白さを引き出すことで、タモリさんは飽きられないで長寿番組を可能にしているのです。

（ **成功者に学べ** ）

しんすけ　　オリラジ
たけし　　　　　　　　　ココリコ
タモリ　　　若手芸人　　みのもんた

51 一流コンサルタントの秘密？

Question

財前先生は経営革新では有名なコンサルタントです。コンプライアンス（法令遵守）経営やCSR（企業の社会的責任）などの経営革新の第一人者といわれています。

さて、財前先生はなぜ経営革新の第一人者といわれるようになったのでしょうか？

❶財前先生自身が広告費を大量にかけたから
❷財前先生にスター性があるから
❸銀行や証券会社がイチオシで売り込んでいるから
❹米国の経営革新の本を翻訳本として最初に出したから

Answer

米国の最先端の経営革新を日本にいち早く紹介することで、経営革新の第一人者をねらうビジネスモデルがあります。海外で売れたビジネス本を翻訳して、日本で一番に売り出すのです。

①の個人で広告費をかけるくらいでは効果は一時的です。②のスター性があってもチャンスがなければムリでしょう。③の会社がイチオシで売り込むことで、テレビのコメンテータで有名人になった人は大勢います。④の翻訳本を出して、その分野の第一人者として成功したコンサルタントもかなりいます。正答例は③④です（②も必要ではある）。

第6章 ベストプラクティス(最良の事例)に学べ

解説 ベストプラクティスの活用場面④海外に学べ

　タイムマシン経営という考え方があります。タイムマシン経営とは、米国のトレンドが、2〜3年後に日本にやってくるという考え方です。言いかえれば、米国を見れば日本の2〜3年後が予測できるという考え方です。

　ただしすべてが日本に起きるわけではありません。日本に来る前に衰退してしまうものもあります。

　現在著名な人やビジネスの成功者の経歴を調べてみると、高い割合で欧米での留学経験があります。また有名な芸術家、有名なシェフ、有名な学者、ベンチャー企業の成功者などの大半は留学経験を持っています。

　会社に勤めたまま、社費で留学チャンスが少しでもあるなら、チャレンジしてみてはいかがでしょうか。社費でのチャンスは30歳代前半くらいまでに限定されますが、チャンスがあるなら人生の長期戦略としておすすめです。

　社費でMBAの国内留学で、新しい人生を切り開いている人も少なくありません。知人に国内のビジネススクールを卒業し、経営コンサルを経て上場企業の社長になった人もいます。留学にもヒントありです。

(海外の先進事例に学べ)

【タイムマシン経営】
いま米国で起きている事象が2〜3年後に日本で起きる

問題解決力1分間トレーニング／コラム

第6章　ベストプラクティス（最良の事例）に学べ

◆世界一の大富豪ウォーレン・バフェット

　世界で一番の大富豪といえば、マイクロソフト創始者のビル・ゲイツ氏でした。しかし2008年3月のフォーブス誌の発表によると、ウォーレン・バフェット氏（1930年生まれ）です。

　ウォーレン・バフェット氏はアメリカの著名な株式投資家、経営者、慈善家。敬愛を込めて「オマハの賢人」ともよばれています。世界最大の投資持株会社であるバークシャー・ハサウェイの最高経営責任者です。彼の資産は昨年の520億ドルから620億ドルになりました。

　バフェット氏は、巨額の寄付でも有名です。一昨年、約390億ドルを複数の慈善財団に寄付したとか。この寄付額は、アメリカ史上最大の金額です。

　バフェット氏の生き方は、ベストプラクティスといっても過言ではないでしょう。「出会った1人ひとりの優れた才能を見いだし、尊敬すること。そうすれば、より多くの人と信頼関係が結ばれる。そして、1人でも多くの人から愛されるようになる」というものです。

　他人の悪い面ばかりが気になる人も多いのではないでしょうか。他人の悪いところ探しでなく、いいところ探しをしてあげれば、その相手からも尊敬される人になるのではないでしょうか。ちょっと難しいかもしれないけど（笑）。

第7章
コミュニケーションの相性を見抜いてストレス解消

52 つかみ所がない部下に悩む高野課長

Question

高野課長は几帳面で、浮ついた態度の人が嫌いです。高野課長の口癖は「計画通り」です。計画通りいっていると非常にご機嫌です。

しかし高野課長には悩みがあります。それは部下の山川くんです。鉄砲玉のように外出すると、どこに行っているのか全く連絡がありません。つかみ所がない部下に、高野課長のイライラはつのります。かといって、部下の山川くんの営業成績が悪いわけではありません。

さて、この状況をどう考えますか？

❶山川くんは上司に報告しないのでけしからん
❷2人のコミュニケーションがうまくいっていない
❸高野課長は堅物で扱いにくい性格だ
❹山川くんはいいかげんな性格だ

Answer

あなたの身の回りに、コミュニケーションが自然にとれる相手と、何を考えているかわからない相手がいませんか。コミュニケーションには相性のヒミツがあります。詳しくは本章にて順次ご紹介します。

①の上司に報告しないのはよくありません。②のコミュニケーションがうまくいっていないみたいです。③の課長の堅物は、部下から見ればそう見えるでしょう。④の山川

くんはいいかげんな性格だと言い切るには早いでしょう。
正答例は②です（①③④も見方によっては正解です）。

> **解説** **なぜ相性が悪い人がいるのか**

あなたがズバリ嫌いな人、何人いますか？　近くにいるだけでも嫌悪感がわく人いませんか？　楽しい会話をしていても、その人の話題が出ただけでいやな気分になる。そんな人、必ず1人以上いるはずです。

では、どうして好き嫌いができてしまうのでしょうか。それは、脳にヒミツがあるのです。

ズバリ、優位脳が優先順位を決めるのです。優位脳とは何か。それはこれからのお楽しみ。ちょっとだけ話すと、4つの優位脳があって優先順位を決めているのです。優位脳の違いによって、優先順位のつけ方が異なります。優位脳が違うと、思考回路が異なり、自分の考えと意見が合わないと感じるのです。人間関係に疲れないよう、優位脳を使いこなしましょう。

(コミュニケーションが悪い関係だとお互いが理解しにくい)

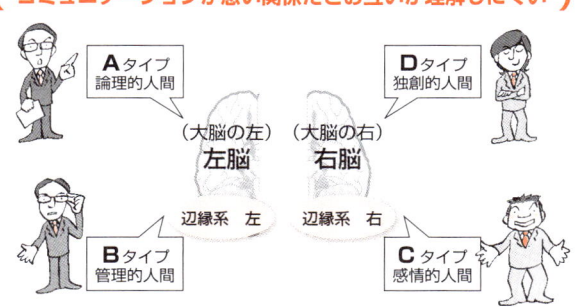

- **A**タイプ　論理的人間
- **D**タイプ　独創的人間
- **B**タイプ　管理的人間
- **C**タイプ　感情的人間

（大脳の左）左脳　（大脳の右）右脳
辺縁系 左　辺縁系 右

- それぞれの脳に特徴があり、優位脳の違いによって、私たちの考え方や行動スタイルが支配されている
- 異なる優位脳はコミュニケーションがとりにくい関係にある

53 ボランティアが大好きな上杉さん

Question

営業企画室に勤務のOL上杉さんは、ボランティア活動が大好きです。最近つきあい始めた彼との喧嘩の多くは、ボランティアに関する意見の相違です。
「休日にボランティアをやる時間があるくらいなら、一緒にディズニーランドに行こうよ」と彼からせがまれています。一方上杉さんは、ボランティアに理解を示さない彼を「人間味がない人だ」と軽蔑しています。
さて、この2人をどう思いますか?

❶上杉さんは彼に合わせるべきだ
❷彼は上杉さんに合わせるべきだ
❸価値観の問題なので良否がつけがたい
❹2人は相性が悪いので別れた方がいい

Answer

①と②のどちらかが相手に合わせるべきというのは優劣がつけがたいでしょう。③の価値観の問題で、④の別れた方がいいというのはまだ早計でしょう。正答例は③です。

解説
> **人間の思考パターンは4つの優位脳で決まる**

脳医学において、私たちの脳は4つに分類されます。どの脳を優先的に使うかで、4つのタイプが生まれます。

第7章 コミュニケーションの相性を見抜いてストレス解消

　優位脳Aタイプは理論家で、事実と分析が大好きです。現実的なため、仕事ではビジネスライクです。クールでドライな印象を周囲に与えます。
　優位脳Bタイプは官僚的で、計画と秩序を重視します。ルール優先で保守的なため、頑固で堅物だと、周囲の人たちは感じています。ルールがあることで最大の能力を発揮します。しかし、イレギュラーへの対応、リスクを取ることが大の苦手です。臨機応変が不得手です。
　優位脳Cタイプの人は、人間関係を重視する感情豊かな人です。包容力があり、やさしい半面、涙もろいところがあります。話し好きで、他人の気持ちを理解しようとします。しかし、ビジネスや目的達成に無頓着なため、遠回りや試行錯誤を頻繁にします。また、のんびりしていて、スピード感覚に乏しく、周囲からイライラされることがあります。
　優位脳Dタイプの人は、やんちゃ坊主、いたずらっ子、鉄砲玉などがピッタリの人です。「面白いな！」が大好きな好奇心旺盛、自由奔放なタイプです。直観が鋭いため、発明やアイデア出しが得意です。リスクが大好きなため、ベンチャー企業をめざすのはDタイプです。なお、2つ以上の優位脳を持つこともできます。

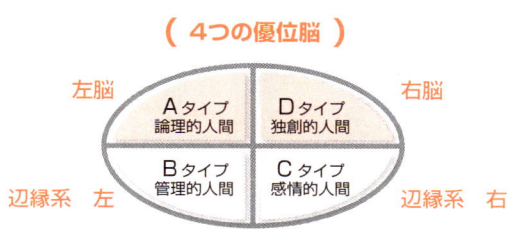

(4つの優位脳)

左脳	Aタイプ 論理的人間	Dタイプ 独創的人間	右脳
辺縁系　左	Bタイプ 管理的人間	Cタイプ 感情的人間	辺縁系　右

- **脳医学において私たちの脳は4つに分類されます。**
  ①左脳：論理的人間（論理的に考える、数字、文字、整理整頓）
  ②辺縁系左：管理的人間（組織をつくる、組織を維持する、組織を守る）
  ③辺縁系右：感情的人間（生命を守る、母性本能、愛情、人間関係）
  ④右脳：独創的人間（発想する、イメージ、図形、現状を打破する）
- **2つ以上の優位脳を持つこともできます**

54 奥様の悩み事

Question

ピンポーン、「あなたお帰りなさい」「あ〜、疲れた。今日も部長につかまってね、早く帰りたいのにねちねちと」「まあそれはたいへん」と帰宅した安西課長。
「ねえあなた、ちょっといい？」「なんだい？」「隣の奥さんねえ、本当に嫌みな人なのよ」「何でだい？」「ねえ、聞いて……」と話は続きます。
さてあなたがご主人だとしたら、奥様の悩み事にどう答えますか？

❶事情をよく聞いて解決策を一緒に考えてあげる
❷事情をよく聞いて解決策の候補をいくつか提示する
❸事情をよく聞いて奥様の改善点を指摘してあげる
❹事情をよく聞いて「ぼくもそう思うよ」と同意する

Answer

　女性の悩み事相談の多くには、男性はあえて解決策を提示しない方が賢明のようです。「ただ話を聞いてほしかっただけ」とか「すでに解決策がある」という場合が多いからです。男性が提示した解決策が、女性の考えたものと相違する場合、女性はかえって不機嫌になるとか。女性の相談には親身に聞いてあげて、肯定することが賢明とか。
　①の解決策を一緒に考えるのは、女性の意見を否定しなければ悪くはありません。②の解決策の候補提示、③の改

善点の指摘は大きなお世話と思われがちです。④の「ぼくもそう思うよ」と同意すると丸く収まります。正答例は④です（解決策をゴリ押ししなければ①でも可）。

解説
相性が悪い思考パターンの組み合わせ

優位脳が同じタイプの人は、コミュニケーションをとりやすい関係にあります。一方、AとCタイプ、またBとDタイプのように、対角線上の優位脳同士は、お互いにコミュニケーションがとりにくい関係にあります。

同じ優位脳を持つ場合、優先順位が同じため、相手の意見に対して共感を持つことができます。

基本タイプに加えて、優位脳を2つ同時に持っている、AB、BC、CD、AD、AC、BDタイプがあります。また優位脳を3つ同時に持っているABC、ABD、ACD、BCDタイプ、すべてを優位脳とするABCD（全脳）タイプがあります。

男女の価値観に差があるのは、男性にはAタイプが多く、女性にはCタイプが多いという統計結果によるものです。どのタイプがよくて、どのタイプが悪いというものでもありません。

（ 男女の価値観が異なるわけ ）

Aタイプの特徴（男性に多い）		Cタイプの特徴（女性に多い）
数学的能力	←→	読書力
機械的適性	←→	外国語習得
空間的能力	←→	言語的能力
事実・理論に優れる	←→	直観及び感覚において優位
探りを入れる質問を多用	←→	記憶・感情などを喚起する質問を多用
より分析的	←→	より前後関係的、文脈的
物事をより線的に見る	←→	よりグローバル、全体論的に見る
問題解決が得意	←→	問題の理解が得意
事実の理解	←→	プロセスの理解
タスクチームの編成	←→	グループ、コミュニティの形成
技術・ハードウェア志向	←→	直観的・関係的志向

55 あなたはビジネスライクですか？

Question

あなたの優位脳を判断したいと思います。次の中から「そう思う」と思えるのはいくつありますか？

❶ 数字や計算は好きな方だ（または苦にならない）
❷ 「なぜ(Why)？」が気になることがある
❸ ドロドロした人間関係が嫌いだ
❹ 矛盾がある話は嫌い（整合性が気になる）
❺ 事実に基づいた話の方が信用できる
❻ 募金活動があるとむしろ集めたお金の使い道が気になる

Answer

いくつあてはまりましたか。4つ以上でAタイプ（論理的人間）です。

解説 自分の優位脳を判定してみよう ①「論理的人間」の思考パターン

優位脳Aタイプの人は、事実と論理に高い優先順位を置きます。現実的でビジネスライクな側面を持っています。金銭感覚が鋭く、数字に強い。また論理思考力にも優れています。

Why（なぜ？）という素朴な疑問を放置できません。「なぜですか」「どういうメリットがあるのですか」など、

納得するまで確認します。

　数字や理論を使って考えることが好きです。たとえばクイズ問題やパズル問題など、解明するのが好きです。また情報好きで、いろいろな知識を吸収することを楽しみます。

　関心を持つ対象は、人間でなくモノや事象です。そのため、周囲からは人間味があまりないと感じられています。

　ドロドロした人間関係が苦手で、やや潔癖性の一面もあります。複雑な人間関係、理性をはずれた行動、論理の飛躍、根拠のない話などが嫌いです。

　Aタイプはどんなタイプの人が嫌いなのでしょうか。優位脳でいえばCタイプです。あまり意味がない長話、オーバーな感情表現などが理解できません。会話をしていても、もう少し論理的に、事実に基づいた話をしてほしいとイライラします。

　嫌いな言葉は、はっきりしない、矛盾した、感情的などです。理性が強いため、恥ずかしいと人一倍感じる特性があります。

　嫌いなタイプに対する対処法は、相手を人間として認識することからはじまります。完璧な人間はいません。人間と認識することで、多少の矛盾も許容する寛容さが大切です。

（　優位脳Aタイプは理論家タイプ、事実重視　）

優先順位と行動特性	好き・嫌い	
●事実と論理が最大の優先順位 ●ビジネスライクでドライ ●分析する、定量化する ●現実的 ●現実的で批判的 ●金銭感覚が鋭い ●因果関係がわかる ●Why（なぜ？）思考 ●口癖：どういうメリットがあるの	好き	●好きな言葉：論理、分析、数量的 ●整理整頓が好き ●整合性や数字が好き ●現実的で地に足がついたもの
	嫌い	●嫌いな言葉：矛盾した、感情的 ●複雑な人間関係 ●理性をはずれた行動 ●論理の飛躍、根拠がない話

論理を優先して考えるタイプ。頭が切れる理論家タイプで、筋道を立てることを重視。その半面、人間性をあまり感じられない。ビジネスライク。

🔑 **キーワード** 論理的、数量的、批判的、分析的、事実重視

56 あなたは計画通りが好きですか？

Question

あなたの優位脳を判断したいと思います。次の中から「そう思う」と思えるのはいくつありますか？

1. 「計画通り」が好きだ
2. ルールが明確できめ細かい方が仕事を進めやすい
3. 組織に属して仕事することに安心感が持てる
4. 上下関係を守ることは苦ではない
5. 会社のルールを守ることに窮屈さはあまり感じない
6. 企業風土は今後も大切にすべきだ

Answer

いくつあてはまりましたか。4つ以上でBタイプ（管理的人間）です。

解説 自分の優位脳を判定してみよう ②「管理的人間」の思考パターン

優位脳Bタイプの人は、計画と秩序に高い優先順位を置きます。計画を立てる、そしてきちんと実行することに達成感を感じます。ルール最優先の管理が大好きです。

口癖は、前例がない、ルール違反などです。相手の提案に批判的で、常に前例やルールとの整合性を要求してきます。残念ながら、上司に多いタイプです。手段ややり方に

ついて口を挟むのが好きで、大局観はなく、重箱の隅をつつくような詳細な話が好きです。

決められた計画通り進めることに快感を得ます。たとえばマニュアルのように、あらかじめ決められた仕事に向いています。冒険や自由裁量を入れることが苦手です。

周囲からどう思われているかといえば、融通がきかない堅物です。独創性、想像力、アイデア、臨機応変、応用力がないと周囲から思われています。

提案しなさいとか、アイデアを出しなさい、現状打破をしなさいという、新しいことへの挑戦が苦手です。関心は、過去から現在までで、未来志向ではありません。

どんなタイプの人が嫌いといえば、優位脳Dタイプです。自由奔放で、糸が切れたタコのようなDタイプは、つかみ所がなく、扱いにくい相手です。嫌いな言葉は、不安定、だらしない、約束を破る、イレギュラーなどです。

嫌いなタイプに対する対処法は、相手の自主性を尊重して、自由裁量を与えることです。細かい指示が好きなBタイプには抵抗感がありますが、相手の能力を引き出すためには、自由裁量を与えることも必要です。

(優位脳Bタイプは計画とルールを最優先)

優先順位と行動特性
● 計画と秩序が最大の優先順位
● ルール優先で頑固
● 保守的
● 手順を決める、組織する
● きちんとしている、信頼できる
● 時間を守る
● 計画的な、詳細な
● How(方法、やり方)思考
● 口癖:前例がない、ルール違反

	好き・嫌い
好き	● 好きな言葉:計画的、予定どおり ● ルールを決めてみんなで守る ● 組織を作って行動する ● 伝統や格式、出世が好き
嫌い	● 嫌いな言葉:不安定、だらしない ● リスクが嫌い、突発的な事件 ● 規則を破る、勝手な行動 ● 伝統をないがしろにする

組織やルールを優先して考えるタイプ。ルールを優先するので融通がきかないお堅い人。経理部など会社の本社部門に多いタイプ。

🔑 **キーワード** 順序立った、保守的、抑えのきいた、構造的、詳細な

57 あなたは人の好き嫌いが多いですか？

Question

あなたの優位脳を判断したいと思います。次の中から「そう思う」と思えるのはいくつありますか？

❶人の好き嫌いが多い方だ
❷発言内容より、誰が発言したかの方が大切だ
❸ボランティアは苦ではない
❹人と話をするのが好きだ
❺子どもの相手をするのは苦ではない（好き）
❻人を裏切ることは人間として最低だ

Answer

いくつあてはまりましたか。4つ以上でCタイプ（感情的人間）です。

解説 自分の優位脳を判定してみよう ③「感情的人間」の思考パターン

優位脳Cタイプの人は、人間関係に高い優先順位を置きます。感情的で感性が豊かなため、涙もろいのも特徴です。映画やテレビを見るのが好きで、恋愛小説や悲劇の主人公に涙を流すことがしばしばあります。他人の気持ちがわかるので、感情移入しやすいのです。

Who（誰が）思考です。何か発言した場合、発言内容

よりは、誰が発言したかの方に高い関心があります。口癖は、あの人は好き、あの人は嫌いなどの人の好き嫌いです。

何をしていると楽しいかといえば、気のあった仲間とのおしゃべりや長電話です。また、人間関係において感動することが好きです。人から好かれたいという気持ちは人一倍です。そのため、人を喜ばせることも好きです。関心を持つ対象は、ズバリ、人間です。優先順位の中心に人間を置きます。ビジネスではサポート役に威力を発揮します。

では、どんなことが嫌いなのでしょうか。非人間的、冷たい、ドライな人が嫌いです。また、人を裏切ることは人道に反するのでいやがります。人間同士の喧嘩や葛藤も嫌いです。自分の気持ちに反して強制されるのも嫌いです。

嫌いなタイプは、優位脳Aタイプです。ビジネスライクなAタイプは、取っつきにくく、テンポが合いません。Aタイプは筋道を立てて一歩ずつ前へ、Cタイプは仲間と和気あいあいで仲間しだいですから、価値観が対立します。

嫌いな言葉は、ドライ、理屈っぽい、非人間的などです。嫌いなタイプに対する対処法は、ビジネスの世界では経済性重視です。相手は、人間を軽視するというより、経済的な視点で判断していると考えれば、相手が理解できます。

（ 優位脳Cタイプは感情と人間関係を最優先 ）

優先順位と行動特性
● 人間関係が最大の優先順位
● 感情的で感性豊か、涙もろい
● 対人関係的、人をサポートする
● 包容力、やさしい
● 他人の気持ちがわかる
● いろいろなものに触る
● わかりやすい表現、話し好き
● Who(誰が)思考
● 口癖：あの人は好き、嫌い

	好き・嫌い
好き	● 好きな言葉：いい人ね、好きよ ● 仲好しとのおしゃべり、長電話 ● 人を助ける、人を喜ばせる ● 感動するもの、ブランド
嫌い	● 嫌いな言葉：ドライ、理屈っぽい ● 人間同士の葛藤、仲違い ● 冷たい、非人間的 ● 人を裏切る、気持ちに反すること

感情や人間性を優先して考えるタイプ。涙もろく人間的で表現が豊か。母親のようなやさしい気持ちで相手に接することができるタイプ。

キーワード 感情的、人間的、表現豊か、感覚的、音楽的

58 あなたは自由奔放な生き方をしていますか？

Question

あなたの優位脳を判断したいと思います。次の中から「そう思う」と思えるのはいくつありますか？

① ルールに縛られることが大嫌いだ（自由奔放が好きだ）
② 出世よりは仕事の面白さをとりたい
③ 「面白い人ね」「発想が面白い」と人から言われる
④ 業務命令より自分で仕事を提案する方が楽しい
⑤ ベンチャーみたいなことでひとヤマ当てたい
⑥ 組織の上下関係は嫌い、または興味がない

Answer

いくつあてはまりましたか。4つ以上でDタイプ（独創的人間）です。

解説
▶ 自分の優位脳を判定してみよう
④「独創的人間」の思考パターン

優位脳Dタイプの人は、想像や好奇心に高い優先順位を置きます。直観的、統合的（全体像を把握）、合成的（組み合わせて考える）などの能力を持っています。自由奔放で、楽しいことが好きです。「面白いな」という気持ちを大切にします。半面、面白くないことに興味を持ちません。What（目的）思考であり、未来志向です。口癖は、な

んとかなるさです。またヤマを張るのが好きです。ヤマを張って、ヤマが当たることで快感を得ます。Dタイプは、ベンチャー企業を提案して推進する人に多くみられます。リスクより未来の夢を大切にします。

周囲からどう思われているかといえば、やんちゃ坊主、いたずらっ子的な印象を与えます。また、鉄砲玉や糸が切れたタコのように、飛んでいったらどこに行ったのかわからない人はDタイプです。

Dタイプが嫌いなのは優位脳Bタイプのように、ルールや型にはめる人、細かいことに口を出す人です。組織的行動を強要するBタイプの上司には特に反発します。

また、嫌いなことは、きちんと片づける、細かい作業をするなどです。詰めが甘い、脇が甘い、スキがあるというのはDタイプの特徴です。飽きっぽいというのも特徴で、同じ仕事を繰り返し長時間行うことは拷問にも匹敵します。

嫌いなタイプに対する対処法は、ルールを守ったふりをするということです。本来はルールを守るべきなのですが、すぐにはムリでしょう。そこで、少なくとも表面的には、周囲に合わせるふりをすることで、周囲との和を保ち、信頼される人をめざしましょう。

優位脳Dタイプは発想豊かで空想や楽しいことを最優先

優先順位と行動特性
● 想像や好奇心が優先順位
● やんちゃ坊主、いたずらっ子
● 好奇心旺盛、驚きを好む
● 自由奔放、無防備、鉄砲玉
● 直観的、統合的、合成的
● ヤマを張る、リスクを取る
● 未来志向、くよくよしない
● What（目的）思考
● 口癖：なんとかなるさ

	好き・嫌い
好き	● 好きな言葉：挑戦、自由にどうぞ ● 規則を破る、規則を気にしない ● 楽しいこと、面白いこと ● ワクワクする、ヤマが当たる
嫌い	● 嫌いな言葉：ルール、型にはめる ● 批判される、強制される ● 計画的、詳細な、片づける ● 組織的、団体行動

発想や視覚を優先して考えるタイプ。何を考えているのかわからない独創的な人。鉄砲玉のようにどこに行ったかわからない、つかみ所がないタイプ。

🔑 **キーワード** 概念的、合成的、比喩的、統合的、視覚的

59 次の有名人たちは何タイプ？

Question

次の有名人は優位脳の何タイプでしょうか？

① 草野仁さん（司会者、世界ふしぎ発見！）
② ビートたけしさん（たけし軍団）
③ IKKOさん（お姉キャラ）
④ 刑事コロンボ（推理ドラマ）
⑤ 福田康夫さん（総理大臣）
⑥ タモリさん（笑っていいとも）

Answer

①の草野仁さんはABタイプ（理性的）、②のたけしさんはDタイプ（独創的）、③のIKKOさんはCDタイプ（感性派）、④の刑事コロンボはADタイプ（知性派）、⑤の福田康夫さんはBタイプ（管理的）、⑥のタモリさんはABCDタイプ（中立派）です。

正答例は①ABタイプ②Dタイプ③CDタイプ④ADタイプ⑤Bタイプ⑥ABCDタイプです。

解説
有名人の優位脳判定例

①の草野仁さんはなぜABタイプ（理性的）なのでしょうか。司会において理路整然（A）と話を進めて逸脱しません。また厳しめのルール（B）で正解不正解を判定しま

す。判定を甘くして正解と認めることはありません。

②のたけしさんはなぜDタイプ（独創的）なのでしょうか。自由奔放（D）に本能のまま動き回っています。ルールを途中で変更するとか、人の頭を冷静な顔でたたきます。

③のIKKOさんはなぜCDタイプ（感性派）なのでしょうか。女性らしい点（C）と自由奔放さ（D）がCDタイプの特徴です。

④の刑事コロンボはなぜADタイプ（知性派）なのでしょうか。論理的な推理力（A）、鋭い直観（D）は、ADタイプの特徴です。またADタイプは、犯人捜しの刑事に求められる能力です。

⑤の福田康夫さんはなぜBタイプ（管理的）なのでしょうか。論理性（A）と人間性（C）が感じられません。また新しい発想（D）も乏しく、現状維持（B）のイメージがあります。ルール、過去の伝統、組織を維持することに高い関心を示すのがBタイプです。

⑥のタモリさんはなぜABCDタイプ（中立派）なのでしょうか。平日のお昼番組「笑っていいとも！」で誰とでも話を合わせ、出演者の魅力を引き出すバランス感覚が見事です。

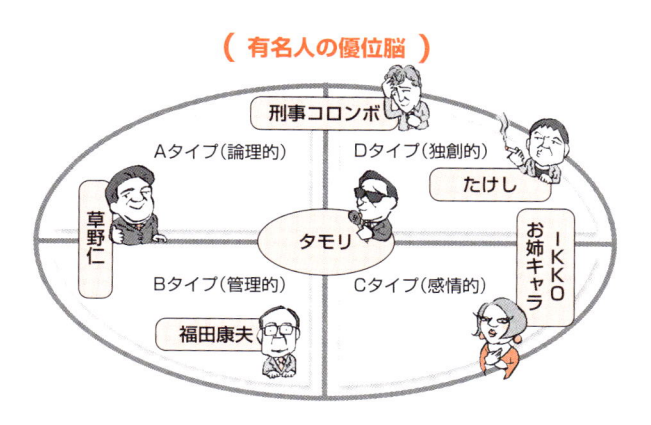

（ 有名人の優位脳 ）

	Aタイプ（論理的）	Dタイプ（独創的）	
草野仁		刑事コロンボ / たけし	お姉キャラ IKKO
	Bタイプ（管理的）	Cタイプ（感情的）	
	福田康夫	タモリ	

60 サザエさんの登場人物は何タイプ？

Question

次のサザエさんの登場人物は何タイプでしょうか？

❶サザエさん
❷カツオくん
❸フネさん
❹波平さん
❺マスオさん
❻タラちゃん

Answer

①のサザエさんはDタイプ（独創派）でハチャメチャの面白さがキャラ。②のカツオくんは、ハチャメチャのようで計算高いADタイプ（知性派）、③のフネさんはCタイプ（感情派）、④の波平さんはBCタイプ（現実派）、⑤のマスオさんは波平さんと同じで意気投合。⑥のタラちゃんはCDタイプ（感性派）で、サザエさんとフネさんのつなぎ役。なお、カツオくん（AD）と波平さん（BC）は正反対なので意見の相違が起きやすいのです。またカツオくんとマスオさん（BC）の接点はほとんどありません。

正答例は①Dタイプ②ADタイプ③Cタイプ④BCタイプ⑤BCタイプ⑥CDタイプです。

解説 マンガに見る優位脳判定の例

マンガやドラマなど、さまざまな物語は人間関係の縮図です。「ルパン三世」で考えてみましょう。

主人公のルパン三世はDタイプです。破天荒でとんでもないことを考える面白い存在です。次元大介は冷静沈着のAタイプです。ルパン三世の破天荒な行動を冷静に観察して、損得を判断しながら様子をうかがいます。

五ェ門はBCタイプです。着物と刀を手放すことができず江戸時代の風習（B）に縛られます。また、人に頼まれるといやでも断れない（C）性格で悪の道にはまります。

峰不二子はABCDタイプです。3人の男を手玉にとって自分の手駒に使います。最後に銭形警部はCDタイプです。警察でありながらルール無視、犯人逮捕に論理性のかけらも見られません。一方、後先を考えない破天荒（D）の涙もろい人情派（C）で、ルパンが大好きです。

銭形警部がルパンを大好きなのは、共通するDタイプで意気投合できるからです。銭形警部は犯人としてルパンを追っかけているのではなく、ルパンが好きだから自分で逮捕したいというCタイプの思いが強いのです。

（「ルパン三世」の優位脳モデル）

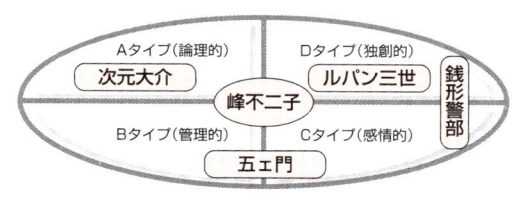

Aタイプ（論理的）	Dタイプ（独創的）	
次元大介	ルパン三世	銭形警部
峰不二子		
Bタイプ（管理的）	Cタイプ（感情的）	
五ェ門		

- ルパン三世はDタイプなので、はちゃめちゃでとんでもないことを考える
- 次元大介は冷静沈着のAタイプ
- 五ェ門はBCタイプ（江戸時代の風習〈B〉、不二子に頼まれると断れない〈C〉）
- 峰不二子はABCDタイプで、3人の男を手玉にとって自分の手駒に使う
- 銭形警部は論理性に欠け、警察なのにルール無視、感情で動く鉄砲玉

問題解決力1分間トレーニング／コラム

第7章　コミュニケーションの相性を見抜いてストレス解消

◆なぜ上司に恵まれないのか？

　上司に恵まれないというのはよくある話です。上司に恵まれない確率はズバリ、80％以上です。人事異動で10回上司が代わったとすれば、恵まれる確率は1回、運がよければ2〜3回程度です。

　上司に恵まれていないと嘆いているあなた、10人中、8人以上が上司に恵まれない環境で働いているのです。

　では、なぜそのように確率が低いのでしょうか。上司に恵まれると感じるのは、同じ優位脳を持っている場合です。同じ優位脳を持つ確率は、20％未満です。ほとんどが自分とは異なるタイプの上司になるのです。

　優位脳Aタイプには、事実データで話をすることです。理論的人間ですから、筋を通せば話をわかってもらえます。

　優位脳Bタイプには、ルールに則った話をしましょう。ルール違反には嫌悪感を持ちますから、冗談でもルール破りの話題は避けましょう。

　優位脳Cタイプは、好きか嫌いかで判断します。嫌われないように留意しましょう。一度嫌われると、ねちっこいので対処に困ります。

　優位脳Dタイプには、細かい報告より、うまくいっているという方向性をアピールすることが得策です。楽しさ、面白さの共感が、上司とうまくやるコツです。

おわりに

　毎日が問題解決の連続です。問題解決は小さな問題解決から大きな問題解決まで、千差万別です。問題解決には守りと攻めがあります。守りの問題解決は、トラブル解決や上司から提示された通りの仕事の遂行です。

　しかしほんとうの問題解決は、攻めの問題にチャレンジすることにあります。現状維持では進歩がありません。

　新しい目標を立てるとか、今より高い目標を設定するなど、現状打破の目標を立てて、新しい問題解決にチャレンジすることが大切です。

　攻めの問題解決の第一歩は、問題意識を持つことです。現状に何となく満足していたのでは、問題意識は生まれません。このままではいけない、もっとよりよくしたいと考える問題意識から、問題解決の第一歩がはじまるのです。

　問題解決は、自分が解決の責任者であることを自覚することが大切です。自分が何とかしなければ、自分が何とかしたいと考えれば、問題解決が苦痛に感じなくなります。自分が問題解決の主人公と考えれば、やらされ感がなくなり、問題解決の達成感も味わえるのです。

　問題解決力は、問題解決の繰り返しによって向上します。一見、高いハードルの問題解決だとしても、一度乗り越えると、次からはハードルが低く感じられるようになります。人から見て高いハードルが、自分から見れば低いハードルに見えるようになれば、問題解決力が向上しているのです。

　問題解決から逃げないことが大切です。一度問題解決から逃げると、低いハードルでも高く見えてしまいます。逃げ癖をつけず、問題解決の主人公だと思って、真摯に取り組みましょう。

芝浦工業大学大学院客員教授

西村 克己〈にしむら かつみ〉

岡山市生まれ、芝浦工業大学大学院客員教授、経営コンサルタント。1982年東京工業大学「経営工学科」大学院修士課程修了。富士写真フイルム株式会社を経て、90年に日本総合研究所に移り、主任研究員として民間企業の経営コンサルティング、講演会、社員研修を多数手がける。2003年より芝浦工業大学大学院「工学マネジメント研究科」教授、08年より芝浦工業大学大学院客員教授。専門分野は、MOT（技術経営）、経営戦略、戦略的思考、プロジェクトマネジメント、ロジカルシンキング、図解思考。

主な著書に、『戦略思考1分間トレーニング』『論理力1分間トレーニング』（ソフトバンク クリエイティブ）、『戦略的な人の超速★仕事術』『戦略構想力が身につく入門テキスト』『論理的な考え方が面白いほど身につく本』（中経出版）、『経営戦略のトリセツ』『プロジェクトマネジメントのトリセツ』（日本実業出版社）、『戦略思考トレーニング』（ＰＨＰ研究所）、『脳を鍛えるやさしいパズル』（成美文庫）、『スピード仕事術』『スピード思考術』『兵法入門』（東洋経済新報社）など、多数。

問題解決力1分間トレーニング
あらゆる問題を解決する最強の思考法

2008年5月30日　初版第1刷発行

著　　　者　西村克己

発　行　者　新田光敏
発　行　所　ソフトバンククリエイティブ株式会社
　　　　　　〒107-0052　東京都港区赤坂4-13-13
　　　　　　電話　03-5549-1201（営業部）

本文デザイン　きゃら
本文イラスト　ひろまみ
印刷・製本　　中央精版印刷株式会社

落丁本、乱丁本は小社営業部にてお取り替えいたします。
本書の内容に関するご質問等は、小社学芸書籍編集部まで書面にてお願い致します。
ⓒ2008 Katsumi Nishimura　Printed in Japan　ISBN 978-4-7973-4718-0

ソフトバンク クリエイティブ　好評既刊

スキマ時間に「戦略脳」を鍛えろ!

戦略思考1分間 トレーニング

クイズ感覚で楽しみながら、「戦略思考力」を鍛えるトレーニング・ブック。1問1分で解ける問題を60問収録。通勤時間や待ち時間など、「スキマ時間」を活用して、必勝ビジネスのセオリーを学べ!

著者:西村克己

定価:900円
ISBN　978-4-7973-4342-7
新書サイズ並製／144ページ

ソフトバンク クリエイティブ　好評既刊

スキマ時間に「ロジカル脳」を鍛えろ!

論理力1分間
トレーニング

クイズ感覚で楽しみながら、「論理力」を鍛えるトレーニング・ブック。1問1分で解ける問題を60問収録。通勤時間や待ち時間など、「スキマ時間」を活用して論理力をアップさせよう!

著者：西村克己

定価：900円
ISBN　978-4-7973-4500-1
新書サイズ並製／144 ページ